湖南考试招生
实践研究

潘送球 / 著

湖南师范大学出版社

· 长沙 ·

图书在版编目（CIP）数据

湖南考试招生实践研究／潘送球著. —长沙：湖南师范大学出版社，2021.9
ISBN 978 - 7 - 5648 - 4344 - 1

Ⅰ. ①湖… Ⅱ. ①潘… Ⅲ. ①招生—考试—工作—研究—湖南 Ⅳ. ①G473.2

中国版本图书馆 CIP 数据核字（2021）第 192828 号

湖南考试招生实践研究
Hunan Kaoshi Zhaosheng Shijian Yanjiu

潘送球　著

◇出 版 人：吴真文
◇责任编辑：宋　瑛
◇责任校对：胡艳晴
◇出版发行：湖南师范大学出版社
　　　　　　地址/长沙市岳麓区　邮编/410081
　　　　　　电话/0731 - 88873070　88873071　传真/0731 - 88872636
　　　　　　网址/http://press.hunnu.edu.cn
◇经销：湖南省新华书店
◇印刷：湖南雅嘉彩色印刷有限公司
◇开本：710 mm×1000 mm　1/16
◇印张：12
◇字数：202 千字
◇版次：2021 年 9 月第 1 版　2021 年 9 月第 1 次印刷
◇书号：ISBN 978 - 7 - 5648 - 4344 - 1
◇定价：58.00 元

前 言

　　参加考试招生工作不觉已三十余年，在此期间承担的工作任务虽有变化，但都与考试招生工作有关。我国的考试招生工作是一项政策性强、程序严格、事关广大考生利益、备受社会关注的民生工程。考试招生工作的每一项政策调整，每一次工作程序的变化，每一个操作办法的更新，无不与每一位考生的利益息息相关。在这条战线工作的日子里，我时刻感受到党和政府对考试招生工作的重视与关心，考生和家长对考试招生工作的尊重与信任，广大考试招生工作者对事业的忠诚与坚守，社会各界对考试招生工作的关注与期望。

　　在这条战线工作的日子里，我见证了考试招生工作各项事业的快速发展，目睹了考生们的收获与成长、同事们的敬业与奉献、业务管理的规范与严谨。对我来说，这几十年是一生工作的主干部分，在参与这些工作的过程中虽常有感悟，却拙于文笔，少有表达。

　　静心回首，许多生动的工作画面常浮现眼前：

　　自学考试工作者们默默无闻、长年坚守、潜心服务于考生的点点滴滴；

　　招生考试计算机管理的探索道路上与专家们合作共商的日日夜夜；

　　机器阅卷过程中的艰难摸索与积极推广；

"三南改革"过程中，改革者的勇敢与睿智、担当与作为；

高考平行志愿推广过程中从不被理解到被广泛接受并获得社会认同的实施过程。

作为一名长期在考试招生战线上工作的老兵，一名诸多重大实践活动的见证者和参与者，每当回首过去，总难抑兴奋与激动，遂记下留在历史长河中的一些个人思考和历史资料，期望对于正在进行的各项考试招生改革事业有所裨益。

考试招生工作，自诞生的那一天起，就是教育工作的一个重要组成部分。但随着考试招生规模的不断扩大，各项考试的组织管理工作日益复杂，内部分工日益多元化，组考工作风险不断增加，特别是考风考纪所面临的各种挑战给考试招生的管理工作带来了巨大冲击。考试招生工作作为一项对教育质量和人才选拔进行测量与评价的专业工作，常常因为日常管理的繁杂而影响了它的专业化特征，特别是其教育职能的专业化特征。

随着中共中央、国务院《关于深化新时代教育评价改革的总体方案》的颁布实施，考试招生工作的专业化建设迫在眉睫。让考试招生工作成为推进教育评价改革的先头部队，需要积极总结我国考试招生改革的历史经验，特别是恢复高考四十多年以来的考试改革历程，从中找寻适合我国国情的考试招生工作模式和科学评价的方式方法，并努力吸取世界上其他国家先进的教育测量与评价的科学理论与技术，让考试招生工作成为我国教育事业发展的积极推动力量，成为素质教育的推进器，而不是"应试教育"的守护神。

解决这些矛盾的方向在于，将考试招生工作有机地统一于教育事业的发展之中，明确和坚定考试招生工作的教育属性，牢固树立使受教育者不断成长的理念，积极探索适合我国国情的促使考试招生工作科学化、专业化的发展道路。

潘送球

2021 年 9 月

目 录

第一章　自学考试实践专题 ··· （1）

　　第一节　自学考试制度的本质内涵 ··· （2）

　　第二节　自学考试的制度文化 ··· （18）

　　第三节　自学考试宣传工作的有益探索——《自考茶坊》········· （29）

第二章　标准化考试实践专题 ··· （33）

　　第一节　标准化考试简介 ··· （33）

　　第二节　标准化考试在全国的推广 ··· （48）

　　第三节　湖南标准化考试建设工作的稳步推进 ······················ （51）

　　第四节　湖南标准化考试管理制度建设 ·································· （58）

　　第五节　湖南标准化考试建设的培训工作 ······························ （60）

第三章　"三南改革"实践专题 ··· （65）

　　第一节　"三南改革"概述 ··· （66）

　　第二节　"三南改革"中的湖南方案 ······································· （74）

　　第三节　改革第一年（1991 年）的情况回顾 ······················ （78）

　　第四节　改革第二年（1992 年）的情况回顾 ······················ （86）

　　第五节　改革第二年方案实施结果概览 ·································· （92）

　　第六节　"三南改革"实践的回顾与总结 ······························ （93）

第四章 高考平行志愿改革实践专题 ……………………… （97）

第一节 高考志愿填报简介 ………………………………… （97）

第二节 平行志愿的产生背景 ……………………………… （98）

第三节 平行志愿的试验与推行 …………………………… （99）

第四节 平行志愿宣传工作 ………………………………… （101）

第五节 平行志愿的初试结果 ……………………………… （103）

第六节 平行志愿的理论研究 ……………………………… （105）

第七节 新高考背景下平行志愿发展展望 ………………… （106）

第五章 立德树人与教育评价实践专题 ………………… （108）

第一节 思想政治工作平等法则 …………………………… （108）

第二节 班主任在大学德育中的作用 ……………………… （113）

第三节 德育教师的人格 …………………………………… （119）

第四节 大学生的人生态度 ………………………………… （126）

第五节 大学生成才的战略导向 …………………………… （137）

第六节 和谐教育体系下的高考改革 ……………………… （143）

第七节 立德树人：高考命题的核心立场与根本追求 ……… （150）

第六章 考试与评价的专业化建设 ……………………… （162）

第一节 考试服务的常见类型 ……………………………… （162）

第二节 考试服务的运行特点 ……………………………… （165）

第三节 考试机构关键岗位的设置 ………………………… （168）

第四节 考试命题专家的素质要求 ………………………… （169）

第五节 测评分析专家的素质要求 ………………………… （172）

第六节 测评分析专家的培养方案 ………………………… （174）

第七节 测评行业发展中的若干经验 ……………………… （177）

第八节 测评行业发展中的若干教训 ……………………… （182）

参考文献 ……………………………………………………… （185）

第一章
自学考试实践专题

　　高等教育自学考试制度是一项极具中国特色的高等教育制度，它应时代需要而生，随时代发展而不断变革前行，为我国的改革开放和社会主义现代化建设事业造就了大批适用的人才。

　　我国恢复高考后，普通高等教育尚无法满足大量希望接受高等教育考生的需要。据统计，1977 年是高考恢复的头一年，报考人数为 570 万，而录取人数仅为 27 万，录取率只有 4.7%；1978 年的高考报名人数为 610 万，录取人数为 40.2 万，录取率为 6.6%；1979 年高考报考人数为 468 万，录取人数为 28 万，录取率为 6%；1980 年报考人数为 333 万，录取人数为 28 万，录取率为 8.4%。① 大量的高考落榜考生，有着迫切的接受高等教育的愿望。1980 年 1 月，邓小平提出实行两种办法培养人才："一个是办学校，办培训班进行教学，一个是自学。"② 正是在这种历史背景下，1981 年，教育部制定并经国务院批转的《高等教育自学考试试行办法》颁布，标志着我国高等教育自学考试制度的正式诞生。1982 年 1 月，全国人大通过的《中华人民共和国宪法》中明确规定，"鼓励自学成才"，这是从宪法层面给予自学考试制度的法律保障。

　　随着高等教育自学考试事业的发展，各项制度和规范不断产生，也不断在实践中完善。在此基础上，1988 年，国务院颁发了《高等教育自学考试暂行条例》，这是专门为高等教育自学考试而制定颁发的行政法规，从而

① 杨学为. 中国考试简史［M］. 北京：高等教育出版社，2009：254.
② 邓小平. 邓小平文选［M］. 北京：人民出版社，1983：263.

为高等教育自学考试长期健康发展奠定了制度根基。

1983 年 11 月，湖南省人民政府正式批转《湖南省高等教育自学考试试行办法》给各行政公署，自治州、市、县人民政府，各高等学校，省直机关各单位，此举标志着高等教育自学考试制度正式在湖南落地。

在国家自考委的统一领导下，湖南省的高等教育自学考试于 1984 年下半年首次开考。

在教育部（原国家教委）的正确领导下，通过摸索、改革、总结、提高，并通过不断规范管理、完善制度、提升服务、开展科研，高等教育自学考试制度已融入高等教育的体系之中，并发挥着自身的独特作用。同时，人们对高等教育自学考试的存在价值也有了更加深入的认识和理解，对自学考试的本质、制度文化、助学方式等均进行了有益的探索。

第一节　自学考试制度的本质内涵

自学考试制度是一种颇具中国特色、极富创新意义的教育考试制度。为了全面厘清自学考试制度的内在逻辑、系统认识自学考试制度在高等教育大众化时代的生存境况，加强对自学考试的本质属性的认识和研究非常有必要。首先，要从理论上分析探讨其本质内涵，即清晰展示自学考试制度的逻辑内涵、准确认知自学考试制度的功能定位、详细界定自学考试制度的培养目标、充分研究自学考试制度的存在状态、客观描述自学考试制度的基本矛盾，从而为自学考试制度的健康发展提供理论支撑。

一、自学考试制度的范畴界定

1981 年正式形成的中国高等教育自学考试制度作为教育理论研究中的一个独立范畴，可以从以下三个方面进行分析界定。

（一）自学考试制度范畴的概念界定

高等教育自学考试制度是对自学者进行以学历考试为主的高等教育国家教育考试制度，从教育测量学的角度界定就属于基于标准的水平性考试，是以个人自学、社会助学和国家考试相结合的高等教育形式。高等教育自学考试的任务，是通过国家考试促进广泛的个人自学和社会助学活动，推进在职专业教育和大学后继续教育，造就和选拔德才兼备的专门人才，提高全民族的思想道德、科学文化素质，以适应和推进中国特色社会主义现代化建设。

高等教育自学考试制度是一种开放性的教育考试制度，凡是中华人民共和国公民，不受性别、年龄、民族、种族和已受教育程度的限制，均可报名参加自学考试（对有特殊要求的专业，考生须按有关规定报名）。高等教育自学考试分为专科和本科两个层次。专业类型可分为专科专业、本科专业和独立本科段专业。高等教育自学考试的专科、本科等学历层次，与普通高等学校的学历层次水平的要求相一致。已经取得国家承认学历的研究生、本科或专科毕业生（及肄业生、退学生），可按有关规定免考部分课程。

高等教育自学考试的有关管理办法规定，应该按照专业考试计划的要求，每门课程都要进行考试。课程考试合格者发给课程合格证，并按规定计算学分；不合格者，可参加下一次该门课程的考试。考生取得一门课程的课程合格证，省级自学考试机构即为其建立考籍管理档案。考生因户口迁移、工作变动需要转到外省参加考试的，按规定办理有关手续。如果考生符合下列规定，即可以取得毕业证书：（1）考完专业考试计划规定的全部课程，并取得合格成绩，即取得科目的成绩合格证；（2）完成规定的毕业论文（设计）或其他教学实践任务；（3）思想品德鉴定合格。

获得专科（基础科）或本科毕业证书者，国家承认其学历。符合相应学位条件的高等教育自学考试本科毕业人员，由有学位授予权的主考学校依照《中华人民共和国学位条例》的相关规定并履行相应程序后，授予相应的学位。高等教育自学考试的毕业时间为每年的 6 月和 12 月。另外，国务院《高等教育自学考试暂行条例》规定："高等教育自学考试专科（基础科）或本科毕业证书获得者，在职人员由所在单位或其上一级主管部门本着用其所学、发挥所长的原则，根据工作需要，调整他们的工作；非在职人员（包括农民）由省、自治区、直辖市劳动人事部门根据需要，在编制和增人指标范围内有计划地择优录用或聘用。""高等教育自学考试毕业证书获得者的工资待遇：非在职人员录用后，与普通高等学校同类毕业生相同；在职人员的工资待遇低于普通高等学校同类毕业生的，从获得毕业证书之日起按普通高等学校同类毕业生工资标准执行。"

（二）自学考试制度范畴的本质分析

首先，自学考试制度是一种独特的教育制度或者教育形式。从广义上说，凡是增进人们的知识和技能、影响人们思想品德的活动，都是教育。狭义的教育，主要指学校教育，其含义是教育者根据一定社会的要求，有目的、有计划、有组织地对受教育者的身心施加影响，把他们培养成为一定社会所需要的人的活动。任何教育活动，都是由教育者、受教育者、教育内容、教育手段诸要素构成的。这几种教育要素的相互联系以及由此而相互作用产生的特殊矛盾运动，就是教育过程，也就是教育的本质。自学考试制度就其本质而言首先是一种教育活动和教育形式，即它由人们常说的教育者、受教育者、教育内容、教育手段等诸要素构成。教育者即由国家授权的全国高等教育自学考试指导委员会以及各专业委员会和各级自学考试委员会，同时还包括主考院校、社会助学组织及其教师。全国考委及省级考委代表着国家意志，担负着为社会主义现代化建设造就和选拔德才兼备的专门人才的历史重任。受教育者是数以万计的自学者。教育内容是全国考委各专业委员会制订的专业考试计划、课程自学考试大纲及其相应的教材。教育手段（过程）由形式多样的社会助学活动、考生个人自学、实践环节考核、考试实施和思想品德鉴定等组成。

自学考试是根据国家和社会需要，有目的、有计划、有组织地对自学者实施国家意志的教育活动。国务院《高等教育自学考试暂行条例》规定："根据经济建设和社会发展的需要，人才需求的科学预测和开考条件的实际可能，设置考试专业。""通过国家考试促进广泛的个人自学和社会助学活动，推进在职专业教育和大学后继续教育，造就和选拔德才兼备的专门人才，提高全民族的思想道德、科学文化素质，适应社会主义现代化建设的需要。"上述规定以及考试机构、开考专业（计划、大纲、教材）、考试办法、考籍管理、社会助学的指导与监督、毕业人员的使用与待遇等无不充分地表明，高等教育自学考试是具有高度目的性、计划性和组织性的教育形式。我国颁布实施的《中华人民共和国高等教育法》明确将高等教育自学考试制度列入我国高等教育基本制度之中。

其次，自学考试制度是一种现代教育形式。① 从根本上讲，教育活动的开展必须依托一定的教育形式。人类的早期教育，是在社会生活中进行的，其基本形式是"父教子、师带徒"和日常生活中的自我教育。随着生产的发展和社会的进步，有组织的教育逐步从社会生活中分离出来，形成了独立的教育机构和有一定规范的教育形式，即学校教育。学校教育产生后，它逐渐成为教育活动主要的、基本的形式，社会教育、自我教育逐渐退居次要地位，并因其缺少必要的组织和规范被划入"非正规教育"之列。随着社会的发展和科技的进步，教育的内容体系和技术手段、管理体制和运行方式、思想观念和价值倾向也不断地发生变化。特别是 20 世纪后半叶，在新技术革命的推动下，掀起了自学校产生以来持续时间最久、影响程度最深的教育改革浪潮。其主要特征是：通过学校教育与社会教育的沟通和融合，逐步实现学校教育的开放化和社会化；随着多种教学媒体的开发和教育手段的现代化，以教师和课堂为中心的封闭、刻板的教育正在向以学习者为中心的开放、灵活的教育形式转变；多种形式教育资源的组合和配置，使人们在整个人生的不同阶段得到所需要的教育逐步成为可能；多形式、多层次的高等教育的发展及其规模的扩大，使高等教育从面向少数"英才"转变为面向大众，教育民主和公平在新的条件和高度上得以实现；培养的重点由学会知识转向学会学习，由积累知识转向创新知识和在实践中的应用，由认知水平的提高转向全面素质和个性特征的发展。与这种变革相伴随并成为进一步变化先导的，是传统封闭的学校教育观念向现代开放的终身教育观念的转变，关于正规教育与非正规教育的划分已经不再重要，人们判断现代教育的标准已经不再是有没有固定的教育场所和学习时限，有没有固定的授课教师和"标准化"的教学方案，恰恰相反，而在于是否正在突破传统教育的这些旧有的局限，为受教育者提供逐步增大的关于学习地点、时间、媒体、方式的自主选择空间，为需求者创造享受终身教育的条件。我国的教育正通过有秩序的改革逐步走向突出实践能力和创新精神的素质教育，走向能够为不同年龄、不同条件的求学者提供多层次、多形式教育选择机会的终身教育。自学考试就是我国教育变革中，由学校

---

① 宗泉考．自考：一种现代教育［N］．中国教育报，2001 – 09 – 26.

教育和社会教育相沟通、相融合而产生的极具现代教育精神和开放性特征的一种现代教育形式。

最后,自学考试制度是从根本上不同于学校教育体系的现代教育形式。自学考试是以公开评价和国家考试为主要手段的特殊教育形式。在学校教育体系看来,考试只是其中的一个环节,考试本身并不能全部担负起整体教育功能。在自学考试制度中也是如此,因为仅有国家考试显然不能成其为教育形式。自学考试制度将个人自学、社会助学和国家考试有机地结合在一起,共同形成一种独立的教育形式。因此,如何将处于高度分散、无序的个人自学和社会助学活动,在国家考试(计划、大纲、教材等)的指导下成为一种目的明确、有计划、有组织的教育教学活动,就成了自学考试制度突显其作为一种独立教育形式的核心前提。

总而言之,自学考试制度是一种集教育、考试于一体的独立教育形式,是一种独立的教育考试制度。

(三) 自学考试制度范畴的文化价值

随着自学考试制度的发展,我国逐渐形成并日益强化了一种以学习、教育和成才为基本内容的独特的"自学考试文化"。自学考试文化一方面与社会文化、高校文化彼此交织、相互复合,另一方面也形成了自身独有的特点,并随着自学考试事业的持续发展而得到不断丰富完善。

首先,自学考试文化强调学习、教育和成才的开放性特征。主要表现在自学考试的存在形式方面,它覆盖并影响全社会全体公民,具有广泛的社会性。它对自考者具有极大的导向作用,能对自考者的发展方向产生很大的影响。在它的导向下,自考者选择什么专业、不选择什么专业,全由自己反复比较选择而定,既可选择与经济相结合的专业,以提高工作的业务水平和专业技能,也可以根据社会需要与社会发展,选择自认为经济前景广阔的专业,为未来谋求新的发展作准备。当然,自考者也可选择自己感兴趣的专业,丰富自身素养,实现自身理想,完善自身素质,等等。"开放性"形成了高等教育自学考试制度鲜明的文化内涵,它充分调动了社会成员学习科学文化知识的进取精神,推动了社会的文明与进步。

其次,自学考试文化强调学习、教育和成才的个体努力。学习本来是一种个体劳动,但自考文化的个体性表现尤为突出,与高校校园文化有着明显的差异。在校园文化中有制度文化、管理文化等相约束，学习主要是通过课堂与实验室授课以及丰富多彩的第二课堂活动有组织地进行。而自考文化则不同，它主要体现在自考者在没有任何监督和约束的情况下的个人自学、刻苦钻研的自觉性与奋斗精神上。这种精神文化是自考文化的最基本特征，它促使自考者通过自我努力、自我调节、自我修养、自我控制和刻苦钻研来达到规定的目标与标准。

再次，自学考试文化强调学习、教育和成才过程中的应试性倾向。它不是以教学为主，而是以考试为主，考试是它的根本属性。它按照规定进行考试，考试是它唯一保证质量的硬条件。因此，自强不息的精神、刻苦自修的行为是自考者成才的关键。只有考试达标了，才能品尝到成功的喜悦与甘甜。

最后，自学考试文化强调学习、教育和成才过程中考试大纲的指导性作用。自学考试文化固然以自修而体现个人的奋斗精神，但并非盲目和无计划，它是在国家的统一正确指导下进行的。这主要体现在两个方面。一是国家指导。国家统一制定专业计划和考试大纲，并明确制定了一系列的政策规范。具体表现在：（1）明确提出自考者必须坚持社会主义方向，这是培养人才的根本要求。（2）自考也是国家有效地培养人才的基本手段，这体现在国家随着自学考试的发展，管理将更加规范化。有关部门正在努力创造条件，以便使自考更加有序，更有计划性，使自学考试更富文化内涵，也更为健康地发展。（3）有统一质量标准，如各专业考试的课程、学业与德体的考核等都有明确要求，如何才能拿到学位等都有明确规定。（4）有培养和使用的具体方针政策。只有按国家规定的专业考试计划和考试课程要求，经过统一命题、统一考试合格者才能授予毕业证书，承认其学历，并给予合理安排使用，享受有关待遇。二是主考院校的指导。主考院校在政策范围内会为考生的学习提供更具体的助学服务。总之，指导性体现了自考文化的有序性与规范性，是自考文化健康发展的保证。

二、自学考试制度的基本职能

作为一种相对独立的教育考试体系，自学考试制度在现实实践中承担着重要的教育职能。不过，对于任何社会结构性存在而言，功能是职能的结构基础，因此在分析自学考试制度的社会教育职能之前，必须首先系统探讨自学考试制度的基本功能。

（一）自学考试制度的基本功能

1. 自学考试制度的考试功能

自学是我国人民学习方式的优秀传统，有广泛的群众基础。不管在哪个时代，人民群众自学的热情一直不减，哪怕是在十年"文化大革命"中，在"交白卷光荣"的年代，仍然有一大批热爱学习、有志于提高自己的人在教学资料非常稀缺的情况下，利用一切可能进行学习。自学活动造就了一大批没有机会上大学深造但各个方面有专业知识的年轻人。"文化大革命"结束后，一代失去上大学机会的年轻人成为祖国建设的主导力量，国家需要人才，而普通大学又无法短时间提供如此巨大的学习机会，这种供需之间的矛盾，使自学考试制度应运而生。自学考试的功能特别明确，就是通过考试为那些没有机会上大学，但又在知识和技能方面达到了普通大学相关专业水平的人提供确定其知识水平、获得国家学历认可的机会。因此，考查个体知识、能力的水准是自学考试制度产生时的基本作用和功能。自学考试制度的考试功能通过国家考试的方式出现，具有非常高的权威性，自学考试制度实行教考分离的制度，更加体现了自学考试的公平与公正。所以自学考试制度一开始实行，就受到那些热爱学习的人们的欢迎，大家默默苦读，用心准备，非常严肃认真地对待每一次考试。自学考试制度的考试实践表明，其考试功能以国家考试、个人自学、教考分离的方式实施，准确地保证了其严肃、权威。自考毕业生在各自的岗位上干出了自己的成绩，做出了独到的贡献。自学考试的考试成绩也得到了我国社会的普遍认可和国际社会日益广泛的承认。

2. 自学考试制度的教育功能

自学考试制度主要以考试的方式出现，人们最容易观察到的是它的考试功能。其实在自学考试的办考过程中，广大的自考生、自学考试管理队伍、自学考试辅导教师队伍、社会助学单位共同形成的自考群体，以及社会对自学考试的认同，舆论对自学考试的正面宣传和自考文化的形成，使自学考试拥有了成为一种教育制度的前提基础和文化背景。考生自从加入自学考试的行列之后，就融入了一个有着独特学习氛围的"大学校园"之中，在其中受到影响和熏陶，接受着特别的教育。

第一，自学考试制度营造的自学考试群体价值观，对每一位参加自学考试的考生产生着整体性影响。在自考生中，尊重知识、尊重劳动、尊重师长、尊重意志和毅力、尊重人才成为他们的群体意识。参加自学考试的人们渴望知识，大家为追求知识而走到了一起；他们尊重诚实劳动，懂得只有踏实认真地学习才有可能通过考试；他们尊重师长，在学习的过程中，深知教学相长、师者解惑的道理；自考生们听课和接受辅导都是在积极主动的情况下进行的，这使他们形成了对他人和教师劳动的积极态度。这些丰富的自考体验都在潜移默化地对自考生的道德观、价值观、人生观产生积极的影响，从而使他们获得教育。

第二，自学考试的严格要求，使一般的考生要通过一次以上的考试才能取得相关科目的合格成绩。这种失败、成功不断地交错出现的过程，使广大的自考生体验到了失败的滋味，通过每一次面对成功与失败的进与退、积极与消极的考验，考生能从中领悟到怎样面对失败、怎样战胜失败情绪的不良影响，从而获得意志和毅力的锻炼。

第三，自学考试过程和结果成功的激励作用。许多自考生在考试中对失败体验很深刻，有些考生甚至经受不了失败的打击而中途放弃考试。但失败往往是和成功相伴而生的，在总结失败的教训基础上而获得的成功，考生们总是倍加珍惜。这种成功以后的喜悦是劳动以后收获的愉快，是对自己努力的肯定。这种肯定的情绪使他们的自信心、荣誉感、上进心得到升华，从而为赢得下一次考试打下了良好的心理基础。许多自考生都有经历过失败之后认真总结教训从而获得好成绩的经历，这种经历常常坚定了他们继续下一轮学习的信心和决心，进而促进他们以后事业的发展，并成为终身受用的人生经验。

3. 自学考试制度的导向功能

自学考试制度作为一种教育制度，一经产生，首先为需要接受教育的人们提供了接受教育，特别是接受高等教育的选择。这种制度的优越性日益体现，进而对人们产生独到的吸引力，渐渐地发展成为人们的教育需要。这些作用是不分年龄没有阶段的，对人的一生都起着积极的导向作用。

第一，自学考试制度为青年人选择人生道路提供了价值导向。自学考试制度以其开放、灵活的形式，深入到所有愿意学习、希望通过学习而取得相关学历的人们的工作和生活中。经过 30 多年的具体实践，自学考试制度形成了自身独特的办学指导思想和办考方略。自学考试制度的存在，首先为那些没有机会进入普通高等学校深造的年轻人提供了继续学习的机会，使这些步入自学考试行列的年轻人通过学习重新焕发了学习的热情和信心，同时因其在学业和事业方面取得的成绩受到同龄朋友的认同和仿效，从而引导着更多的年轻人走入学习的行列。

第二，自学考试制度为人们的成才提供了专业导向。自学考试的开考专业也引导着学习者找寻各自的人生事业目标。作为一个中学毕业生或刚步入社会的年轻人，不是每个人都有确定的人生目标，有些人在思考，有些人在寻找，处在这个阶段的年轻人，人生观和世界观都正在形成，人生的目标和事业的梦想也处在一个可塑性很强的阶段。自学考试的开考专业和开考课程，考虑了社会经济发展和专业需求情况而开设，多数是社会急需的，它们为考生选择自己的专业方向起到了很好的引导作用。

第三，自学考试制度还为热爱生活的人们提供了生活导向。作为教育制度的自学考试，因为其自学功能决定了其与生活方式的密切联系，从一定意义上讲，自学考试制度也是人们的一种生存状态和生活方式。在当今市场经济飞速发展、消费方式日益多样和多元化的时代，人们的生活方式面临着多种多样的选择，怎样支配自己的业余时间，成为人们必须回答和重点面对的问题。自学考试制度的存在与发展，特别是自学考试制度的完全开放和极大的人际亲和力，极容易使一些有富余时间的人们将业余时间用在学习上，从而改变着人们的生活方式，提高人们的生活质量，并将对整个社会文明程度的提高起到推进作用。

4. 自学考试制度的教育辅助功能

自学考试制度自诞生之日起，就有着很强的社会教育和人才成长的辅助功能。

第一，自学考试制度诞生的初衷就是为了弥补其他教育形式和国民教育资源的不足。随着自学考试制度的发展，其在整个教育体系中，特别是高等教育中所起的作用日益显著，逐渐成为高等教育体系中的重要组成部分，现在已经变得不可或缺了。

第二，自学考试制度专业的广泛性和参加考试的灵活性为个人的全面发展提供了可能。在目前的高等教育体制下，普通高等教育的专业设置与个人兴趣、个人的专业发展与对其他专业知识的需要之间矛盾的存在，决定了个人一次性接受教育的体制不可能特别完善，所以，通过自学考试，既能进一步深化个人专业知识和技能，又能补充与其专业相关联的其他专业知识，从而为最大限度地开发个体潜能提供了条件。

第三，自学考试制度的开放性，使其成为我们实现终身学习目标、构建全民学习社会的重要教育形式。构建学习型社会这个宏伟目标的达成，是实现中华民族伟大复兴的重要步骤。在这个伟大的系统工程的建设过程中，单纯依靠传统的教育形式已经难以实现，各种类型的专业、课程、证书和丰富的学习辅导形式都在这个过程中产生，自学考试制度的传统优势在这个过程中得到更充分的发挥。同时，在发展的过程中，自学考试制度以其强大的生命力，会获得更快、更全面的发展。

5. 自学考试制度的经济社会功能

自学考试的主要功能虽然表现在教育领域，但由于教育与经济发展、社会稳定之间存在着密切的关系，而且也由于自学考试制度具有成本投入低、见效快等特点，因此自学考试制度还具有非常突出的经济、社会功能。

第一，自学考试制度的推行有利于社会经济持续稳定地发展。社会经济能否持续稳定发展不仅受能源、资金、设备等物质条件的制约，还受社会生产关系（生产、交换、分配等具体经济制度）的影响。作为经济活动主体的国民科学文化素养和教育水平，则是社会经济顺利发展的重要前提和根本基础。教育和国民素质对于经济和社会发展的影响主要表现在以下四个方面：一是不断提高劳动生产率和经济效益；二是使劳动者不断更新自己的知识结构，适应现代社会日新月异、复杂多变的需要；三是形成一支较高水平的科学研究和技术开发队伍，以在较高的起点上推出新技术、新工艺、新产品，应对世界范围内经济竞争的挑战；四是真正保证整个民族保持较高的文化素养水准。毫无疑问，在我国穷国办大教育的国情下，要想快速推进经济发展和社会进步，必须积极依托并大力发展自学考试这类投入少但见效快的教育形式。

第二，自学考试制度的推行有利于为经济和社会发展提供一支数量充足、质量合格、搭配合理的人才队伍。生产力由劳动对象、劳动资料工具和劳动者三个因素构成。能否形成强大的社会生产力，不仅与是否具备上述三个因素有关，也与三个因素之间能否保持适当的比例关系（对应关系）有关。在提高社会生产力方面，劳动者队伍的文化技术素质及其配置结构具有突出的地位和重大的影响。而建设一支宏大的、结构合理的劳动者大军只能依靠教育。根据我国现有国力，普通高等教育完成这样的艰巨任务是力不从心的。而自学考试制度则使这一艰巨任务的完成成为可能。为此，当前我国自学考试在稳定学历考试的基础上，应当充分凭借国家考试的权威发挥其优势，并进一步拓展其功能——举办以岗位培训为目标的专业证书考试，加强对成人高校的监督并组织统一考试，加强与高等学校和其他办学形式的横向联系。

第三，自学考试制度的推行有利于调整社会人才构成，促进人才合理流动。社会人才构成包括两个方面的含义：一是指全社会不同文化程度的人才之间的比例，二是指不同专业知识和技术层次的人才之间的比例。前者反映社会人才的整体素质及其潜力，后者反映社会人才的配合状况和整体效能水平。

要提高社会人才的整体素质及其潜力，主要要做好两方面的工作：一是普及教育并提高义务教育年限，提高全社会的文化层次；二是确定各级各类学校招生人数及其比例关系，提高高层次人才的比例。就高等教育来说，普通高等教育期限长、费用大，要在短时期筹集大量资金用以扩大教育规模和提高教育层次是很难做到的，而自学考试制度可以起到独特作用。它可以通过鼓励人民群众自学，大面积提高全民科学文化素质，可以通过对合格者学历资格的国家认定提高社会人才的层次，提高我国社会人才的整体素质。此外，社会人才的总体调整与配合，除了教育，别无他途。而在解决社会人才配合状况和整体效能上，自学考试制度同样大有可为。现代社会生产和生活复杂多变，而学校教育培养人的周期较长，这必然造成学校培养出的人才在数量、层次、规格等方面与经济和社会发展需求之间的矛盾。解决的办法，一方面是改革学校教育，尽可能使考生有较宽厚的基础与适应能力，但这是有限度的；另一方面，可以说是更重要的一方面，就是发展所谓"非正规教育"，大力发展各种形式的成人教育、网络教育、自学考试以及其他类型的业余教育。在各类非正规教育中，自学考试是最具开放性、全面性、社会性、灵活性、权威性，而又投入最少、工学矛盾最小的。其根本原因在于，自学考试充分适应了现代大生产、大经济的革命性，找到了一个及时反映经济与社会发展需求的适应机制。而这一点，是普通高等教育乃至其他成人高等教育形式都不能与之相比的。

自学考试制度对社会人才流动也会产生重大影响。人才流动一般包括三方面的含义：一是人才在不同性质的劳动部门或工作种类间的流动，如从采掘业流向制造业，从农民变为工人；二是人才在不同地区间的流动，如从农村流向城市，从东部流向西部；三是不同社会阶层间的流动，如"蓝领"变为"白领"等。人才流动是经济与社会发展的客观要求。在传统社会，人一生要经历两次出生：一次是生物学上的出生，这是人与动物共有的；一次是社会学上的出生，即主要通过一次性教育实现社会身份的分配，实现自然人向社会人的转化。现代社会中将个人事业成就标准作为社会身份分配依据的观念越来越占据主导地位，人的社会学出生已经不是一次性的事件，而成为贯穿人一生的经常性事件。可以设想，只要各种职业在个人收入和社会地位方面的获益水平不等，人们就必然会根据有关身份分配的标准，努力去"改善自己的地位"。而各种教育体系也演化成为社会机会和身份的筛选和分配部门。自学考试制度适应了现代社会的这种趋势，为各种在职的成年工作者的努力奋进提供了机会和动力。自学考试是一种全国性制度，其学历得到国家承认，全国通用，具有较高的社会信誉，其在社会人才流动中的作用必将越来越大。

第四，自学考试制度的推行还有利于帮助较多的人较快地适应现代生产和生活的变化。自学考试不但能够引导国民学习知识技能并进行某种资格认定，还能促进社会、政治的现代化，尤其是人本身的现代化——观念、态度、行为和习惯的现代化。某些发展中国家之所以没有实现预期的社会经济文化发展，重要原因之一就是它们虽然引进了设备和技术，但是使用这些先进设备和技术的人还不是现代人，他们的观念、态度、行为、习惯仍是旧的，无法适应现代化生产的节奏和速度，无法对付经济领域的复杂多变与快速流动，更无法应付现代国际范围内激烈的经济竞争和挑战。正因为如此，许多研究现代化理论的专家（如亚当斯、本杰明、哈根、麦克里兰等）十分重视人的现代化，强调人的文化素养、精神境界、心理素质、行为习惯对现代经济发展和社会变革的影响，并认为可以通过教育训练改变人们的思想行为。在这个方面，自学考试制度可以凭借其考生在职从业、工学结合等优势，非常实际地同时促进考生在知识技能、人生观、世界观以及社会政治观等各个方面的现代化发展。

（二）自学考试制度的主要职能

自学考试制度借以存在和不断发展的根本意义在于它能够培养、挖掘人才。不过自学考试制度的人才培养目标与普通高等学校的人才培养目标、其他成人教育形式的人才培养目标各不相同。在理解自学考试制度的人才培养目标方面，必须坚持发展的观念，原因在于：自学考试的培养目标是一个历史的、发展着的概念，由于不断受到社会人才需求模式的影响，其人才培养目标也不免带有明显的时代烙印。当前，自学考试的培养目标主要体现在以下三个方面。

1. 培养应用型人才

自学考试制度一经产生，就与普通高等学校在校全日制教学方式不相一致，自学考试制度发展的生命力也正在于它不同于经院式的强调系统理论的教育模式，而是面向基层、面向一线、面向农村、面向具体工作岗位的教育，因此，自学考试制度的一个重要目的也是首要的培养目标就是培养动手能力强，有一定理论基础和专业技术知识的，为单位和地方用得上、留得住的人才。尤其是在我国建设中国特色社会主义市场经济的过程中，在乡村振兴的伟大事业中，特别需要这种类型的人才。

2. 培养跨学科型人才

在我国目前的普通高等教育体系中，普通高校均实行分专业教学，一个就学者学习完本科以至研究生的课程后，往往只熟悉本专业的基本知识，而在现代社会的发展过程中，任何一门科学的进一步发展和学科水平的进一步推进，往往需要多学科的知识为基础，特别是在大的学科领域，学科之间的互补性显得尤为必要。一个学习理工专业的学习者要获得较好的发展，必须具有必要的社会科学方面的知识，有时，这些知识储备能为专业思维的进一步激发提供思想和文化方面的补充。相关专业之间的影响，常常在交叉学科中体现得非常明显。自学考试制度的确立为那些已经在工作岗位或正在进行某些专业方面学习和研究的人员提供了拓宽自己知识面的机会，而且这个机会常常是自由的，是业余的，是人们感兴趣的，因此是在积极的状态下进行的。自学考试制度的不断发展和完善，还会在专业设置、课程安排等方面更好地适应这一方面的社会需要，从而为这一部分人员提供投入少、效果好的学习形式，实现人才的跨学科、复合型发展。

3. 培养自由而全面发展的人才

自学考试的生命力在于其广泛的适应性。首先，自学考试适合任何一类人群，因为它不受年龄、文化程度等的限制，不同年龄、不同工作、不同社会地位、不同经济状况、不同文化程度的人们只要愿意学习，都可以走入自学考试的行列，成为一名自考生。比如，一个名叫吴慧我的老人，在他 71 岁的时候获得了自学考试英语专科的文凭，实现了上大学的梦想，学成之后又成为自学考试的辅导老师，以自己的学习精神激励着许许多多后来的自学者。其次，自学考试制度的广泛适应性，也使这种制度具有其他教育制度所不具备的优越性。只要你报名参加了自考，你的自学过程就可以不受时间和空间的限制，只要自己有时间就可以学习，在上下班的公共汽车上，在出差的途中，在你休息或娱乐的间隙都可以学习，并且在这种放松和极具自觉性的学习情境下，人们的学习效率可以得到有效的提高，人们可以达到创造性学习和愉快学习的学习境界。再次，自学考试的广泛适应性还体现在学习者的生活状况不受制约上。不管你是参加工作还是待业或退休，不管你是工人、农民还是知识分子，不管你是政府工作人员还是普通群众，自学考试都能为你提供一个平等自由的学习世界。人们在里面都是学习者，他们之间以同学相称，在这个没有围墙的大学里，体验着这种特殊的大学文化，即以毅力、诚实、劳动、平等铸就的学习氛围。最后，自学考试专业设置的广泛性使自学者得到前所未有、充分自由的选择机会。随着自考事业和社会的发展，越来越多的为社会所需要的经典和新兴的专业会得到不断增加，从而为自学者提供越来越多的专业选择机会。自学考试这种广泛的适应性，使自学者得到自由而全面的发展成为可能。因此，在马克思主义对人的教育的最高境界——人的自由而全面发展的宏伟目标的实现过程中，自学考试制度将大有作为。

三、自学考试制度的基本矛盾

任何事物、现象和社会过程都必须依赖于特定的内部矛盾运动才能得以持续存在和不断发展。自学考试制度作为 20 世纪 80 年代发生在中国的一个新鲜事物，内部也同样存在着独特的矛盾运动规律。杨从意认为，自学考试制度中主要存在这样一些矛盾和不平衡：（1）重考轻学；（2）缺乏教育的氛围；（3）自学考试的地区发展不平衡；（4）助学的形式不丰富、管理不完善。[①] 为了进一步理解和界定自学考试制度，非常有必要对这些基本矛盾进行深入探讨和全面分析。

（一）国家统一考试要求与考生个性发展之间的矛盾

自学考试制度作为国家的一项基本的教育考试制度，具有非常严格的全国统一性，即统一命题、统一考试。这样做的好处是维护了考试的绝对统一，但是，全国几百万人都考相同的试卷，促使所有考生按照统一的考试大纲进行复习，则无法使考生的个性得到自由的发展，考生的综合能力也无法得到全面的考核，从而也就得不到很好的发展。这就要求自学考试制度在其发展和完善的过程中不断探索考试内容和形式的多样化、多元化，寻找更适合个体差异的考试形式和方法，从而实现统一考试和考生个性的和谐发展。此外，也要求自考生在学习过程中既注意应试，也应该利用学习的机会加强对自身兴趣爱好和学习能力、综合素质的培养，争取使自己获得较全面的发展。

（二）教学与考试分离的矛盾

自学考试制度的一条重要经验，也是保证自学考试公平公正的重要制度和基本原则，就是教考分离。考生自学和教师的助学活动，面对的只是考试大纲和教材，没有命题老师的考前辅导，也没有任何来自命题老师的复习资料，学习过程和考试过程是完全分离和相互独立的。命题教师在命题的时候无法考虑学生的学习情况，其命题依据也只是考试大纲，考试大纲成为学和考的唯一中介和根本标准。但从教育测量的角度来看，对某些学习活动的考查还应该有学习过程的考核。教考分离是自学考试的灵魂，

---

① 杨从意. 试析自学考试的教育功能［J］. 中国考试，2003（2）.

与此同时，自学考试制度要获得更全面、更科学的发展，教与考之间应该建立起某种联系，使教与考之间的相关性和独立性获得更和谐的统一。

在彼此分离的教、考关系中，还存在着"重考轻学"的问题。在自学考试的各个体节中，国家考试的地位无疑是最重要的，各级考试部门都把它作为头等大事来抓，往往忽略了自学考试的教育过程普遍存在着"重考轻学"的现象。这种现象短时间内不会对社会主义事业的发展造成很大的影响，但从长远来看，自学考试制度作为一种教育形式，这种不均衡的发展对其向前推进将起到阻碍作用。

（三）工作时间与业余学习的矛盾

参加自学考试的考生多数处在工作岗位上，学习必须在业余时间内进行。不少考生都是工作岗位的骨干或能手，他们事业心强，常常要把自己的绝大部分时间用在工作上，业余用来学习的时间很少。怎么处理好这种工与学的矛盾，对于一个刚步入自学考试行列的人来说显得尤为重要，不少初次自考失利的考生就因此而放弃了自学考试。加上一些单位对考生的不理解，这一矛盾更加尖锐。要解决这一矛盾，首先要求自学者必须科学地规划自己的生活，有效地利用时间，把心思放在学习上，时时刻刻不忘学习，发扬"钉子精神"，在忙碌的工作中找时间、挤时间。同时，也要求工作单位必须理解和支持自学者，其实对于工作单位来说，支持自学考生的工作不仅仅是单纯对考生学习的支持，同时也是在为单位培养人才，这种支持还会在单位内形成良好的学习氛围，从而会推进所在单位的文化建设，也更有利于单位工作目标的实现。

（四）分散学习与校园文化熏陶的矛盾

高等教育自学考试制度是一种高等教育制度和形式，是培养自考者成为达到大学专科或大学本科学历的高级人才的一种教育形式。它必须使考生成为在德、智、体等方面获得全面发展、能力获得良好训练、毕业后能在某一方面担当工作任务的可用人才。而多数的自学考生在学习过程中都是在分散的状况下进行的，彼此之间缺少必要的沟通和联系，根本谈不上校园文化的熏陶，有些考生从参加考试到取得毕业证书，没有见过同学，没有进过主考学校的大门，当然也没使用到在校学生经常使用的图书馆、阅览室、讲座、辩论、座谈等获得文化信息的机会。要解决这对矛盾，必须要求自学考试制度在发展过程中，强化主考学校的社会助学功能，动员社会助学资源和现代科学技术手段，营造一个能够使广大自考生获得信息和交流信息的平台，使他们在分散学习的状态下获得在校园中可以获得的信息，利用现在的广播电视、计算机网络、多媒体、线上资源等手段，建造一所没有边界的空中自考大学校园，在其中营造有自考特色的校园文化。作为自学者来说，则要充分利用各种渠道使自己保持与外界、与学校的沟通，根据自身的特点，找到适合自己全面发展的路子。

（五）自考文凭与社会认可的矛盾

自学考试的文凭因其国家考试的权威而得到国家和广大用人单位的认可，国外不少大学也承认我国自学考试的成绩。但是，自学考试毕业生和普通高等学校毕业生在社会上还是面对着不同的社会认可度。在普通高校毕业生和自考毕业生两者之间，不少单位倾向于挑选普通高校毕业生。有些用人单位在招聘广告中还专门规定只招普通高校毕业生而不要其他形式的毕业生，这在社会上形成了对自学考试毕业生的歧视现象。解决这对矛盾的办法是国家必须加快制定配套的自考毕业生使用办法，全社会必须形成重视自考毕业生的良好环境。对自考毕业生来说，则要认真扎实地学习，踏实苦干，争取在工作中创造和普通高校毕业生一样的甚至超过他们的工作业绩，逐步改变人们对自考毕业生的不正确看法。

第二节　自学考试的制度文化

湖南省的高等教育自学考试自 1984 年开考以来，一直是湖南省教育事业发展的一个不可或缺的重要组成部分，特别是在培养具有高等教育学历的人才方面做出了重要贡献。高等教育自学考试开考近 40 年来，不仅开考了本科、专科专业，同时，还开考过中专专业。开考形式除了坚持面向社会的普通自学考试之外，还开考过"短线专业""全日制助学班""电大注册视听生""三沟通"等新形式。几十年的高等教育自学考试工作的发展表明，不管其内容和形式怎么变化，要保证高等教育自学考试工作能够健康可持续地发展，其核心要求必须坚守，这就是"国家考试、个人自学、社会助学"的三根支柱。其中的关键环节是国家考试的信度，即考试的公平、公正、科学。要保证这一根本要求的准确落实，必须不断加强和完善制度建设。

高等教育自学考试自开考伊始，就特别注重制度建设，确保各项考试管理有规可循，这也是保证高等教育自学考试这一项全新的中国特色的高等教育制度健康发展的一个重要原因。湖南省的高等教育自学考试自 1984 年开考时始，按照全国自学考试指导委员会的统一要求，制定了高等教育自学考试开考所需的相关规范性文件，并在开考的时候相继颁发。

一、湖南省高等教育自学考试的基本制度

湖南省高等教育自学考试在开考之初的几年时间里，按照全国自考委的相关文件要求，积极进行调查研究，结合湖南的高等教育自学考试实际，相继颁发了一系列规章制度，包括《湖南省高等教育自学考试试行办法》《关于严格执行高等教育自学考试开考条件的通知》《湖南省高等教育自学考试报名工作细则》《湖南省自学考试考务细则》《关于严明考试纪律的通知》《湖南省高等教育自学考试命题工作暂行规定》《湖南省高等教育自学考试评卷工作细则》《关于确认和合理使用自学成才人员的意见》等。这些基本制度，奠定了自学考试几十年健康发展的制度基础。

（一）《湖南省高等教育自学考试试行办法》

该试行办法明确定位了高等教育自学考试制度的教育地位。该试行办法规定：高等教育自学考试制度是广开学路、鼓励自学、选拔人才的新途径。该办法明确了高等教育自学考试工作的领导机构和日常管理机构；同时，还对考试对象，报考手续，考试办法，成绩管理，毕业生的学历使用、待遇，主考学校和经费保障等进行了具体规定。该办法由湖南省教育厅负责制定并由湖南省人民政府于 1983 年 11 月批转给各行政公署，自治州、市、县人民政府，各高等院校，省直机关各单位。

该试行办法指出，省高等教育自学考试指导委员会在省人民政府领导下，成立湖南省高等教育自学考试指导委员会（以下简称考委会），全面负责此项工作。考委会由教育厅、计委、科委、劳动人事厅、工会、共青团、妇联、省军区和有关高等学校负责同志，以及若干名专家、教授组成，其

下设高等教育自学考试办公室。其主要任务是贯彻执行高等教育自学考试的方针、政策,根据本办法制订实施方案;按照人才需要和办考能力确定开考专业,指定主考学校,按照统一的考试标准审定并公布考试计划;指导群众自学;组织考试工作,颁发毕业证书和单科合格证书。

该试行办法要求各地市教育局必须迅速建立专门的办事机构,配备一定的专职人员,负责贯彻执行高等教育自学考试的方针、政策,指导群众自学,组织统一考试和疏通教材供应渠道等工作。所需经费,列入地、市教育事业费预算。

(二)《湖南省高等教育自学考试报名工作细则》

高等教育自学考试制度是一项面对所有热爱学习、渴望成长的人们设立的一项特殊的高等教育制度。为保证高等教育自学考试工作的质量,保证首次开考的顺利进行,省自考委制定了报名工作细则。细则对于报名的组织管理所涉及的各个方面的情况进行了具体规定。

该工作细则由湖南省高等教育自学考试指导委员会办公室负责制定,于1984年在第一次开考前颁发。

该工作细则发至各地(州)市高等教育自学考试指导委员会办公室、各主考院校。

该工作细则的主要内容包括:

(1)各地(州)市根据考生的分布情况,设立报名站,选定负责人,负责审核报名条件,办理报名登记手续。考生要在规定日期内,到户口所在地(州)市考办指定的报名站办理报名手续。距离报名站较远的考生,可请人代报名。报考人数较多的单位可持介绍信集体报名。不接纳函报,逾期不再补报。

(2)首次报名时,职工由单位主管教育的部门,待业青年由街道办事处、农村由乡政府派专人到所在地(州)市指定的报名站领取"报名申请表"。考生可到上述各自的单位领取报名申请表,并填写有关的部分,再交单位签署审核报考条件的意见。其他作为党、政、群后备干部培养的同志,要报考党政干部基础理论专修科的,还需要县团以上人事部门认可的介绍信。

(3)凡符合报考条件的考生,持报名申请表,个人或集体到报名站办理报名手续。首次报名需交近期一寸正面免冠相片一张，填写临时准考证和成绩通知单的有关部分，每报考一门课程，缴纳报名费2元。

（4）考生在规定日期内到报名站领取临时准考证。发、领双方要当面核对，无误后，方可发放。

（5）报名结束后十天内，各地（州）市考办要将《报名结果汇总表》按要求准确填报省考办。

（6）凡取得单科合格证者，再次报名时，需持单科合格证、临时准考证和相片（与临时准考证同底片）2张，缴纳报名费（每门课2元），到报名站办正式准考证，以后的各次报名，只需持正式准考证，就可办理报名手续。

对那些虽然已参加过考试，但无一科合格证者的再次报名者，仍按首次报名的办法办理。

已有一科以上合格证书的考生，如果原准考证丢失，须登报申明作废，再交与报名申请表上同一底片的相片一张，交工本费五角，并交验单科合格证书，经验证无误后，发给准考证，但总考号不变。

（三）《湖南省自学考试考务细则》

严格规范的考务组织是高等教育自学考试公信力的重要保证。湖南省的高等教育自学考试管理部门在经过开考几年的考务组织管理工作经验，在大量分析考试组织过程中出现的各种问题的基础上，制定了《湖南省自学考试考务细则》。该细则对考试组织的全过程进行了严格而详细的规定，内容涵盖了报名、试卷管理、组织统考等部分。在报名部分对报名时间、报名工作站、报名站的工作任务、报名工作程序、汇总报名结果等进行了明确规定。在试卷管理部分对试卷的封装规格、领用试卷程序要求、试卷保密方面的要求、试卷运送方面的要求以及机动试卷和问题试卷的处理进行了详细规定。在组织统考部分则对考点的选择，考点工作人员的选聘与培训，考点布置，考场规程与要求，开考时间及各时间节点的工作要求，考试终了后的考场清理，考试试卷的装订、密封要求作了规定。规定了监考人员的工作守则，包括监考人员的选聘和工作职责。对考务工作中的保密人员、监察人员、巡视人员的职责也进行了规定。最后还明确了对违规者的处理办法和取得优秀业绩人员的奖励办法。

该考务细则由湖南省高等教育自学考试委员会办公室于 1989 年 3 月颁发。

（四）《湖南省高等教育自学考试命题工作暂行规定》

高等教育自学考试的特点之一是教考分离，即命题人员和考生之间是绝对隔离的。命题工作者将严格按照高等教育自学考试开考计划和课程自学考试大纲的要求命题。高等教育自学考试的命题要求是按照基于标准的水平考试的要求，并且在确定好及格线的条件下命制试题。所有考生都在平等的环境下，用同一张试卷考试，为高等教育自学考试的权威奠定了重要的信用基础。

为实现科学、准确、公平、规范地命题，《湖南省高等教育自学考试命题工作暂行规定》对命题的指导思想、命题原则、命题的要求进行了规定。该暂行规定由湖南省高等教育自学考试委员会于 1985 年 10 月制定颁发。

1. 指导思想

该暂行规定指出，自考命题工作的指导思想包括三个方面。

（1）高等教育自学考试是考核自学者高等教育学历的国家考试。一门课程考试合格者，发给单科合格证书，规定的全部课程考试合格后，颁发大学专科或本科毕业证书，国家承认其学历，享受与全日制普通高等学校毕业生同等待遇。对于一门课程来说，务必使考试及格者确实达到全日制普通高等学校相应课程的结业水平。

（2）编制的试题和组成的试卷，通过考试要能够正确引导个人自学和社会助学，树立良好的学风。要引导考生认真全面地学习教材，掌握系统的知识，培养提高分析问题和解决问题的能力。

（3）根据不同学科的特点，要逐渐增大客观性试题在考试中的比重，客观性试题的答案一般只填写个符号，答卷迅速，可以在规定的考试时间（三小时）内增加题量，扩大考查面。可引导考生全面学习，教材防止猜题、押题等现象发生，并提高考试信度。这也是使用电子计算机阅卷评分的前提。要不断实践，为高等教育自学考试采用客观性试题积累经验。

2. 命题原则

该暂行规定对命题原则也作出了规定。

（1）坚持考试标准，各门课程的考试标准，应是普通高校该门课程的结业水平。为了结合高等教育自学考试的特点，省高等教育自学考试指导委员会组织编写的课程考试大纲是该课程命题标准的依据。

高等教育自学考试考核考生是否达到了规定的标准，是通过考试成绩是否及格来衡量的。因此，考试标准集中反映在及格线（60 分）的确定上。编制的试题和组成的试卷，必须着重掌握好及格线，确保成绩及格的考生，确实达到了课程自学考试大纲的基本要求。

（2）正确掌握命题范围，按指定的教材内容命题。如同时指定两本教材，或版本不同的教材，要按其共有的内容命题。不要扩大或缩小命题范围，也不要提高或降低考试深度。对于课程自学考试大纲所要求，教材中已经阐明的原理，命题时选取教材中没有包含的事例，联系教材中没有涉及的实际，是为了考查考生的理解能力和运用能力，不是超纲超教材。

（3）适当增加题量，扩大覆盖面。为了能较全面地反映出考生对课程内容掌握的广度与深度，把全部课程内容作为待选对象，选取样本，并注意其代表性。编制试题总体应能覆盖教材各部分具有考查意义的内容。

（4）难易适度，并有恰当的层次。既要掌握好及格线，又要反映出考生的不同程度（如不及格、及格、优秀等），可以将试题的难易复杂程度分为较为简单容易的、一般的、较为复杂的、有一定难度的几个级别，以便在组成试卷时按一定比例选用。

（五）《湖南省高等教育自学考试评卷工作细则》

评卷工作是与命题工作密切相关，用以确定自学者自学结果的关键环节。评卷工作必须准确落实命题者考核意向，并制定出符合实际要求的科学的评卷细则，从而科学合理地给出自考者的考试成绩。评卷与命题共同构成了自学考试公平、科学的两大主要工作。因此，对评卷工作和评卷行为进行科学规范，是评卷工作准确的重要保障。

《湖南省高等教育自学考试评卷工作细则（试行）》于 1989 年 3 月，由湖南省高等教育自学考试委员会办公室制定颁发。

该工作细则对评卷的组织工作要求、评卷教师的条件与选聘程序、评卷的程序和方法、评卷过程的保密工作要求都进行了规定。同时，还对评卷过程中涉及的后勤保卫、工作纪律、经费与奖惩办法等内容进行了规定。

该工作细则对评卷组织工作作出如下规定：（1）全省的评卷工作由省

高教自学考试委员会办公室（以下简称"省考办"）统一领导、统一计划、统一管理。（2）以主考学校为单位设立评卷点，成立校评卷领导小组，负责领导评卷点的全面工作。评卷领导小组下设课程评卷组，试卷保密组，合分组和保卫、后勤组。（3）各评卷点由校、系领导，主管部门和校自考办负责人组成评卷领导小组，对评卷工作担负全面领导责任。在评卷过程中，负责贯彻执行省考办的有关规定，审核评卷点名单，评卷工作方案，做好工作人员的思想动员及经常性的思想工作；检查评卷质量，处理有严重政治问题及其他重大问题的试卷；解决评卷过程中的其他重大问题。（4）由具有丰富教学经验的三名评卷教师组成课程评卷领导小组，负责组织本课程的评卷工作和写出定性分析报告。（5）评卷点各组工作人员应该选聘热心自考工作，守纪律，责任心强，本人愿意担任一定工作的教师、干部。（6）各评卷点的工作人员名单、工作方案（包括地点、动员时间、动员大会的程序、评卷过程的各项安排、报表等）在每次考试前20天报省考办，必要时，省考办可以对报来的工作人员提出调整意见。（7）在校领导小组的领导下，校自考办负责评卷工作的具体实施。

该工作细则对评卷教师的选聘也作出明确要求：（1）评卷教师由所在教研室、系提名，校领导小组审核。（2）评卷教师必须符合下列条件：①热爱自学考试工作，思想作风正派，工作认真负责，办事公道；②担任相应课程教学一年以上的教师或相应课程教学一年的在职研究生；③没有直系亲属参加该课程的当次自学考试。（3）如需聘请校外教师，须经省考办批准。

（六）《关于确认和合理使用自学成才人员的意见》

重视和尊重人才是中华民族文化的优良传统。不拘一格选人才、用人才是实现民族复兴的重要举措。鼓励自学成才是我国宪法规定的原则，特别是在高等教育自学考试制度建立之初，正是我国急需各类人才的时期，湖南省委、省政府相关部门制定的《关于确认和合理使用自学成才人员的意见》正是对自学成才者的激励和鼓舞，充分体现了党和政府对人才成长的重视和对自学者的关怀。这一意见的颁布，在自学者中产生了强烈的反响，激发了许多无缘上全日制大学的人员加入自学考试的行列。

该意见由中共湖南省委组织部、湖南省人事厅、湖南省劳动厅、湖南省教育委员会、共青团湖南省委、湖南省总工会等部门于1988年9月颁发。其主要内容摘编如下。

　　自学成才人员是人才队伍的重要组成部分，是建设四化、振兴中华、搞好我省两个文明建设的重要力量，是国家的宝贵财富。为了正确评价和确认自学成才人员，合理使用自学成才人员，充分发挥自学成才人员的作用，特提出如下意见：

　　一、自学成才人员须经过考试考核方可认定。自学人员是否成才，一般要通过国家教委规定的自学考试来测定。获得自学考试大中专毕业证书的，应与普通高等学校和中等专业学校毕业的人员一样看待。对具有一定造诣并有突出成果的自学成才人员，也可通过申报省级自学成才奖，由有关部门和专家组成的考评委员会对其学识和技术水平进行考核和鉴定，并确认其相当的学历。

　　二、对确认为自学成才的人员，在招工、招干、招聘等方面要认真贯彻执行国务院国发〔1981〕50号文件精神及我省人事、劳动部门有关规定，合理使用，充分发挥他们的作用，在入党、吸收录用国家干部、晋升职务等方面都应与有文凭者一样对待。对于获得省级以上自学成才奖的优秀人才，应予重用。

　　三、对获得自学考试毕业证书者和省级以上自学成才奖的人员，应将其自学考试和获奖的有关资料存入本人档案，作为确认实际学识水平和工作能力的依据之一，申报对口专业的专业技术职务时，应按具备规定学历的同类人员的有关规定办理，不得歧视，对于确实有突出贡献，获得省级以上自学成才奖的人员，吸收录用国家干部时，人事部门可拨专项指标予以解决，在待遇上应按国家有关规定，享受同等学力的同级职工的工资及福利待遇。对确认的自学成才人员，在填写个人文化程度时，已取得自学考试毕业证书的，应按毕业证书填写学历，由省级以上自学成才奖考评委员会确认的，可填相当学历，如"相当大专"等。

二、湖南自学考试制度文化的特征

湖南省高等教育自学考试从开创初期就基本形成了与自学考试相关的基本制度。这些制度涵盖了与自学考试相关的报名、命题、考试、评卷、毕业生的待遇等诸多方面。完善的制度建设，是保证自学考试长期稳定健康发展的极为关键的因素。同时，这些制度也随着自学考试的发展，不断注入了新鲜的内容，保证了制度建设不断与发展着的自学考试工作相适应。制度建设已经成为自学考试文化建设的一项重要内容。这些制度充分展示了自学考试的高等教育特色，同时，又充分彰显了作为自学特色的高等教育而具有的自身的特殊性。

（一）高等教育的标准要求

湖南省的高等教育自学考试工作首先严格遵从国家对于自学考试的相关规定，严格把握自学考生的毕业要求。对于本科毕业生的毕业要求严格按照普通高等学校的相关专业的要求，制定相应的开考课程计划和相关实践及论文要求，只有达到了相应专业的本科毕业要求才能允许办理毕业手续，并取得毕业文凭。同时，在考试要求的合格标准把握上，严格按照不同专业中的不同课程要求，严格控制合格标准。首先，将自学考试课程考试定义为基于标准的合格性考试，重点在于考查学生通过自学是否达到相应课程的合格标准，而不在于把学生群体进行区分。基于传统意义上的六十分为及格线的习惯，在为自学考试的命题过程中，严格根据课程要求和教材内容，严格规范试题命制，确保学生在完成六十分的试题后，能够达到该课程的合格标准要求。

（二）自学考试的严格规范

自学考试自开考以来，因为考风考纪的严明，为自学考试毕业证书获得者赢得了社会的广泛认可。当然，自学考试的发展历史过程中，也曾有过一些因为考风考纪差而使自考毕业生的信用受到质疑的情况，但这种现象也只是局部的。随着自学考试的不断发展和国家对于国家教育考试考风考纪的严格管理，自学考试的考风考纪已得到非常严格的把握，并重新赢得了社会的广泛认可。自学考试的严格规范，主要体现在以下五个方面：第一，有严格的命题管理要求。针对自学考试的特点，命题在整个自学考试工作中处在极为重要的位置。自考文凭是因考而取得，并以考试的结果为依据，没有平时成绩和其他方面的过程考核因素可以参考。因此，自学考试的命题管理必须非常严格而科学。从《湖南省高等教育自学考试命题工作暂行规定》中可以看出，其命题原则包括坚持考试标准、正确掌握命题范围、适当增加题量和扩大覆盖面、难易适度并有恰当的层次等。同时，还对建立稳定的命题教师队伍进行了专门规定，以保证有充分的合格命题教师参与自学考试的命题工作。第二，有详细的评卷工作要求。为规范自学考试的评卷工作，湖南省高教自考办专门制定了《湖南省高等教育自学考试评卷工作细则》，对于评卷工作的组织工作、评卷教师的条件和要求、评卷的程序和办法、保密管理、保卫后勤工作、评卷纪律等方面作了详细规定。其中，还通过评卷后的定性和定量分析，为命题工作提供参考。第三，有严格的考务管理要求。湖南省自考办为加强考试管理，专门制定了《湖南省自学考试考务细则》，对于参加自学考试考生的报名、试卷管理、统考组织以及奖惩等方面进行了具体规定。第四，有规范的考籍管理要求。根据《湖南省高等教育自学考试考籍管理暂行办法》，对于考生取得考籍和考籍的转移等进行了具体规定。同时，为规范学生的考籍管理，还对考生的毕业鉴定和毕业证书的发放等进行了具体规定。第五，有严格的专业开考计划。自学考试每开考一个专业，首先必须先公布该专业的开考计划，开考计划中对于该专业的考试课程与学分等内容进行详细规定。

（三）以人为本的考试特色

高等教育自学考试是为无缘进入普通高等学校又有求学愿望的人们准备的一种特殊的接受高等教育的形式。自学考试从诞生的那一天起就是为每一个自考生而存在的。通过参加高等教育自学考试而接受高等教育的考生与普通高校在校的大学生接受高等教育具有诸多的不同之处，其中最大的不同是自学考生大多都是分散的，而不是有班集体共同学习的。其次，学习场所也有明显的不同，在校大学生享受规范的教室和其他教学服务设施及方便的图书资料，而自考生只能在自己生活或工作的地方，依据自学考试规定的教材来进行学习，没有固定的教学辅助设施和学习交流的场所。正因为如此，国务院于1988年根据《中华人民共和国宪法》规定的"鼓励自学成才"的精神，颁布的《高等教育自学考试暂行条例》，对自学考生的学习行为进行支持鼓励和规范。条例第三条规定：中华人民共和国公民，不受性别、年龄、民族、种族和已受教育程度的限制，均可依照本条例的规定参加高等教育自学考试。这条规定，对每一位有意愿参加自学考试的中国公民给予了最高的肯定和支持。

（四）鼓励自学的人才导向

自学考试制度即是落实宪法规定的鼓励自学成才指导思想的具体措施，也是我国传统文化中对于成才不问出身的最好诠释。《高等教育自学考试暂行条例》第二条规定：本条例所称高等教育自学考试，是对自学者进行以学历考试为主的高等教育国家考试，是个人自学、社会助学和国家考试相结合的高等教育形式。高等教育自学考试的任务，是通过国家考试促进广泛的个人自学和社会助学活动，推进在职专业教育和大学后继续教育，造就和选拔德才兼备的专门人才，提高全民族的思想道德、科学文化素质，适应社会主义现代化建设的需要。这从法律上对自学者的自学成才行为进行了规定。同时，还在该条例的第三十一和三十二条对自考毕业生的待遇进行了规定。

第三十一条　高等教育自学考试专科（基础科）或本科毕业证书获得者，在职人员由所在单位或其上级主管部门本着用其所学、发挥所长的原则，根据工作需要，调整他们的工作；非在职人员（包括农民）由省、自治区、直辖市劳动人事部门根据需要，在编制和增人指标范围内有计划地择优录用或聘用。

第三十二条　高等教育自学考试毕业证书获得者的工资待遇：非在职人员录用后，与普通高等学校同类毕业生相同；在职人员的工资待遇低于普通高等学校同类毕业生的，从获得毕业证书之日起，按普通高等学校同类毕业生工资标准执行。

除此之外，在条例的第三十六条还规定了奖励条款。

第三十六条　有下列情形之一的个人或单位，可由全国考委或省考委给予奖励：

（一）参加高等教育自学考试成绩特别优异或事迹突出的；

（二）从事高等教育自学考试工作，作出重大贡献的；

（三）从事高等教育自学考试的社会助学工作，取得显著成绩的。

这些规定，充分显示了国家对于自学成才和自学考试工作的高度重视与支持。

第三节 自学考试宣传工作的有益探索——《自考茶坊》

一、《自考茶坊》简介

高等教育自学考试制度是一种极富中国文化特色的国家教育考试制度。自学考试制度是基于个人自学、社会助学、国家考试这三大支柱之上的教育考试制度。其中，社会助学是一项需要全社会广泛支持和参与的教育工程。在自学考试的发展过程中，创造了许多的社会助学模式，社会各界对自学考试的关心与爱护，充分体现在对自学考试行为的支持上。湖南省在发展自学考试助学工作过程中，根据社会需要，积极探索自考助学与自考宣传的新形式，其中备受考生和社会欢迎的一档电视节目《自考茶坊》即是由主管湖南省高等教育自学考试日常工作的湖南省教育考试院与湖南教育电视台联合推出的。

《自考茶坊》专门为自学考试和自考生开办，在湖南省教育考试院的支持下，由湖南教育电视台承办，从2003年开播，每周一晚上8点播出，每期节目时长1个小时。本栏目共播出一年多时间，播出节目70多期。

《自考茶坊》是全国第一档专门服务于自学考试和自考生的电视节目，节目覆盖全省14个市州数十万自考生。

《自考茶坊》节目内容分为信息集装、考生纪事、答疑解惑等板块，由教育电视台资深节目主持人和考试院嘉宾主持共同主持每期的节目。节目注重信息发布的权威和问题回复的专业，同时，注重宣传优秀自考生的事迹，成为自考生和自考工作者的交流平台，起到了较好的助学作用。

二、《自考茶坊》有关栏目的内容介绍

(一)《信息集装》

此栏目重点介绍国家关于高等教育自学考试的最新政策规定和考试要求，介绍湖南省自考办关于每次的开考计划、教材和学习资料信息、报名点的分布情况、助学活动信息等，特别是对一些开考计划的调整、毕业要求的变更，以及学分替代和免考信息等方面的情况，非常切合在自学考试路上各个阶段的考生的需要。有时，根据考生的需要，还介绍了外省自考的开考情况以及学籍转移方面的政策要求。同时，也关注自考生毕业的待遇问题，栏目对此进行了相关的政策梳理，为自考毕业生维护自身的权益提供相关的法律和政策依据，深受考生欢迎。

(二)《考生纪事》

湖南省是自学考试人省，每次参加自学考试的人数一直处于全国报考人数的前列，最高峰达到每次考试 40 万人次，一百多万科次。在自学考试者这一庞大的队伍中，涌现了很多克服困难、刻苦自学、学业有成、学以致用的生动例子。栏目采用主动发现和大家举荐等方式联系这些优秀的自考生进行调查了解，形成比较典型的学习与考试故事。其中有自学有成，用学到的知识自主创业，并取得成功的创业者；也有身残志坚努力学习，并获得自考文凭，从而为社会做出贡献并被社会认可的学习模范；还有各类机关事业单位干部以考促学，不断提高自己，得到组织认可和使用的优秀干部；等等。这些自考故事生动具体，就发生在我们身边，对自学考试者们来说，非常具有亲切感。正因为如此，对他们的触动也是最大的。不少观众看完节目后，给栏目组来信，分享他们的体会和收获，同时，也呈现了他们自己的故事。《考生纪事》栏目很好地充当了考生之间联系与促进的桥梁，给了广大的自考生以正向的激励和信心。因为在这个巨大的自考者群体中，每一个考生都有自己不能如愿上大学的故事，这些故事中，充满遗憾、悲观、失望和消极的情绪。而自学考试为他们燃起了心中的"大学梦"，特别是一些自身情况与他们非常相似的人，通过自考取得了合格成绩，得到了大学文凭，有些甚至因此开创了新的事业。这些故事，对一大批想上大学却无缘通过高考考上大学的人来说，无疑是久旱之甘露、心灵

之朝阳，唤起了他们重新学习的信心。美国著名的积极心理学家马丁·塞利格曼博士认为，乐观的情绪有利于工作与生活幸福，并且乐观是可以学习的。他说："习得性乐观帮助人们越过他们心中无形的高墙，而且不仅仅是他们自己的高墙。"① 他这里所指的高墙，正是这些悲观的情绪。

（三）《答疑解惑》

此栏目是一个互动栏目，通过收集考生在应考过程中遇到的具体问题，根据政策规定和省自考部门的具体要求给予答复，切切实实地解决考生在考试之路上遇到的具体问题，对于一些其他方面的问题需要取证调查的情况也都给予答复。自学者尽管也是在接受着高等教育，但是自考者相对于在校的普通高校大学生来说，是有着完全不同的学习环境的。自考者大多数是个人单独学习，资料来源非常有限，公共的教学资料很难享受得到，加上信息渠道的不够通畅，所以自考者们面临的问题，有些依靠自己无法很好解决。此栏目正是根据考生的实际需要而设立。每期根据考生来信或来电或其他渠道反映上来的问题，由采编人员通过走访自考主管部门、查阅相关资料、实地调查了解等方式，给考生的问题以清楚明了的解答。有些问题一时没有标准答案的，彩编人员通过走访专家，听取专家们的意见和建议，而后反馈给考生。

（四）《优秀自考生事迹介绍》

《自考茶坊》的《考生纪事》专栏中介绍的考生事迹主要侧重于当时考生自己的学习体会、学习经验、学习建议等日常学习生活中的情境。为重点向考生推介全省在自学考试道路上卓有成绩，并取得事业成功考生的事迹，根据湖南省高等教育自学考试指导委员会办公室提供的资料，对在自学考试开考初期的五位全省优秀高等教育自学考试毕业生进行了重点介绍。他们是付浪波、印甫生、罗长江、李世辉、周渊龙。这些考生克服困难坚持自学，学成后为单位和地方的事业发展做出了贡献，受到所在单位和当地政府的高度肯定。

自学考试形式是对自学者进行的以学历考试为主的高等教育国家考试，

---

① 马丁·塞利格曼．活出最乐观的自己［M］．洪兰，译．沈阳：万卷出版公司，2010：228.

是世界上规模最大、最能体现终身教育理念和学习型社会特点的开放式高等教育制度。自学考试以国家考试为主导，以个人自主学习为基础，是富有中国特色的"没有围墙的大学"，是自学成才的摇篮。

而进入 20 世纪末，普通高等教育开始扩招，到 21 世纪初期，大学扩招逐步形成规模，自学考试考生规模缩减，报名人数逐年下降，自学考试作为终身教育的有效形式受到较大冲击。同样在那个年代，互联网刚刚兴起，信息发布渠道有限，远不如现在的移动互联时代。传统媒体、互联网大多关注国内外时政大事，自学考试这个日渐萎缩的教育形式成为一个信息真空地带。当时互联网、平面媒体均没有专门针对自考考生的专栏、刊物，考生在学籍、报名、考试、免试等诸多方面的疑虑和问题很难得到答复，更谈不上考生之间学习心得的分享交流。湖南教育电视台作为一家省级媒体，可谓开创传统媒体之先河。《自考茶坊》一开播即得到了广大自考生的瞩目，许多考生成为每期必看的"铁粉"，他们连连感叹"自考生终于有了自己的精神家园"。这些考生观众也乐于和节目组进行交流互动，或咨询疑惑，或发表学习感悟，《自考茶坊》真正成为广大考生的信息之源和精神家园。

在发布政策信息和为考生答疑解惑的同时，《自考茶坊》尤其专注于自考生的精神激励和情感互动。经常有一些自考生代表参与节目，讲述他们的学习故事。曾有湖南中医药大学李铁强、民营企业家卢中友等在节目中讲述他们的学习故事。这些励志故事，激励了广大自考生的学习热情和昂扬斗志。《自考茶坊》倡导"活到老学到老"，弘扬终身学习之理念，为"学习型社会"建设贡献出传统媒体的责任担当。

《自考茶坊》节目在得到广大自考生观众欢迎的同时，也得到社会各界的关心和支持。湖南省教育考试院相关部门、长沙市教育考试院等职能部门为节目提供业务指导，竹淇茶馆等民营企业和门店为节目组免费提供录制场地。

第二章
标准化考试实践专题

湖南省的标准化考试改革实践，立足湖南当时的客观实际情况，即考生规模大、经济社会发展相对落后、各类技术人员相对短缺等情况。在实施标准化考试建设过程中，湖南省坚持国家教委的统一要求，针对湖南的客观实际，积极地推进标准化考试改革实践。几年的改革实践，取得了不少经验，为后续的考试招生事业发展提供了重要支撑。湖南省的标准化考试建设得益于当时国家教委的统一部署和兄弟省市的建设经验，特别是广东省的试点经验为湖南省提供了很多有价值的参考；同时，得益于本省高校的通力合作与支持，标准化考试建设工作得以在全省有效推进。考试的标准化涉及命题、组考、阅卷、分数转换、分数使用等诸多环节。此次标准化考试建设对于保证湖南省高考事业后来的健康发展起到了重要作用。

第一节　标准化考试简介

我国教育考试系统的标准化考试建设是改革开放的产物。自 1977 年恢复高考后，各界对考试的关注程度越来越高，特别是对传统考试的科学性的关注，成为招生考试系统和教育测量与教育统计等领域专家的研究重点。改革开放以后，国际学术交流的逐步增多，西方现代测量技术理论的引入，开阔了人们的视野，高考的标准化建设也就提上了议事日程。"高考的'标准化'，其实质是实现从传统考试向现代考试的转变，是考试的现代化，它涉及考试的内容、形式（题型）、管理、技术、统计分析等，是考试内部多项工作系统的整体改革。"①

我国的高考标准化建设是从广东起步的。1985 年 1 月,教育部在广州召开第二届高考科研讨论会。会后,教育部决定,广东进行高考标准化的改革试验。在广东试验取得成功的基础上,国家教委于 1989 年正式发出在全国普通高等学校招生全国统一考试中实施标准化建设的通知。根据通知的要求,湖南认真借鉴与学习广东的经验,并根据湖南的实际情况,积极动员行业力量与高校力量开展标准化考试工作的试点,并在光电阅读器和计算机管理领域取得了较好的成绩。

一、标准化考试的由来

标准化考试是在 20 世纪初形成并在之后的几十年内不断发展起来的一种考试方法。研究标准化考试,有必要先回顾考试的历史发展脉络。

考试是随着人类生存与发展的需要而产生的一种社会活动。纵观古今考试活动所涉及的实际范围,可以概括为:考试是指对于人的知识、能力、性格等情况的审查和测验。考试活动具有鲜明的时代和社会特点,考试的内容是由社会需要决定的。考试的方法和手段受社会生产力发展水平制约,随着科学技术的发展而不断演变和发展。历史证明,考试的内容与方式如果适应了社会发展的需要,则将对社会的进步繁荣起到推进作用,考试本身也将得到发展;反之,也会阻碍社会进步,则考试必须改革。

考试与社会政治经济之间的作用是伴随着教育活动发生的。当人类进入奴隶社会,学校成为施行教育计划的独立机构之后,考试成为学校考核学生学习成绩的一种主要手段。考试作为一个独立的系统,其自身有许多独特的规律和内容,例如考试制度、考试内容、考试方法、考试手段、考试管理、考试技术等。考试内部与外部关系的发展与演变,构成了考试的历史。中国是世界公认的"考试的故乡"。在西周时期(前 1046—前 711年)就已设立了学校,实行了为推荐和选拔下级官吏的考试。据《周礼》记载,乡大夫每年正月对本乡人士"考其德行道艺,而兴贤者能者"。汉朝通过考试与推荐来选拔各级官吏,"取士"已形成一种制度。取士考试不断

---

① 杨学为. 中国高考史述论 [M]. 武汉:湖北人民出版社,2007:383.

发展，到了隋炀帝大业年间（605—618 年），科举制创立，取士由推荐为主、考试为辅的察举过渡为以考试为主的科举。科举考试在其发展期间曾对文化教育的繁荣、社会的发展及文明的进步起着积极的促进作用。但是到了科举制度发展的后期，由于当时封建专制统治的需要，科举考试在内容上日趋僵化，禁锢了人们的思想，严重阻碍了社会的进步和发展，因而到清光绪三十一年（1905 年）科举考试寿终正寝。

我国古代的科举考试对世界产生了极大的影响。早在唐朝，我国的教育与考试选拔制度就对邻近的日本、朝鲜、越南等国产生了直接的影响，使其仿效唐朝建立了本国的学制与选官制度。16 世纪，随着中西文化的交流，欧美人对我国科举考试产生了浓厚兴趣。到 17 世纪，中国的考试制度终为英国仿效。19 世纪后期，美国、法国等国的文官考试制度也相继建立。孙中山先生在考察欧美诸国考试制度后指出："现在各国的考试制度，差不多都是学英国的。穷流溯源，英国的考试制度，原来还是从我们中国学过去的。"

世界各国文官考试制度的建立，又促进了学校教育考试和社会行业招聘就职考试，加快了考试科学的发展。西方各国在学习我国科举考试制度的同时，逐步改造了考试的内容和方法，使考试成为培养和选拔人才的重要手段，促进了生产的发展和社会的进步。

我国的科举考试属于主观经验性考试或传统考试。考试内容根据经验主观确定，题目回答好坏由阅卷人主观评定。作为一种传统考试，历时1300 多年的中国科举考试，在考试选拔制度上形成了严密的体系。考试内容上经过了单科到多科又到单科的不断演变。考试方法上有笔答和习武等多种办法。考试形式上采用了贴经、墨义、策问、诗赋、八股文等多种题型，有一系列防止舞弊和保证考试公正的严密措施及周密细致的管理办法。

科举考试有许多有益的经验值得我们今天借鉴。随着社会的发展和科技的进步，在 19 世纪后期到 20 世纪 40 年代，世界考试发展到了客观化、标准化的阶段。19 世纪后期到 20 世纪初，电磁学理论的建立，电子、放射现象的发现，形成新的生产力，劳动生产率极大提高，自然科学成为生产力中的重要因素。电能的利用和内燃机的推广使生产社会化程度加强，各种专业人员需求增加，科技革命还直接地影响了社会意识。在社会科学领域内，随着自然科学研究方法和观点的逐步引入，以及教育科学化的提出，考试也进入了客观化、标准化的阶段。19世纪末，西方的生物学家、心理学家开始采用实验的手段来研究人的身体与心理的一般规律与个体差异。实验需有周密的计划程序和对条件的严密控制，并将实验的结果加以量化，这些实验不局限于测定肌肉力量、运动速度、视听敏感度等对物理刺激的精神反应，而是着重研究判断、理解、推理等所谓认知因素。科学家研究人的各种心理量之间的相关性，也就是说某人在一个项目中的表现与在其他项目上的表现有无关联，从而探究是否可能通过某人在某项工作上的表现来预测他在另外一项工作中的表现。研究表明，那些对记忆、概念、推理、抽象等高级心理活动的测验确实能够对以后的表现作出预测，这就使心理实验和测验有了充分的现实意义。另外在这些研究中，为了尽量减少误差，采取了种种办法控制无关因素的干扰。这些工作为测验的科学和标准化提供了基本的指导思想和方法。

心理测验在发展的过程中引入了数学方法。如回归原理、相关系数等，这些实际应用又促进了统计学的发展。到20世纪初统计学成为一门独立的学科，教育统计成了应用统计的一个分支。随着测验的发展，教育统计已成为测验工作的一个重要组成部分。统计学在测验中的应用，增强了测验的科学性，又促进了测验的发展。

在上述各方面理论和实践的基础上，20世纪初，在美国掀起了一场教育与心理测验运动。在20多年的时间里有3000多种科学实验方法相继问世。这场运动在20世纪20年代达到了高潮。这一运动的初衷是为了纠正传统考试的主观性，引进与物理测量类似的科学方法，将人的智力、能力测量客观化、数量化。测验是建立在承认人的心理现象是可以测量的这样一个假设的基础之上的。美国心理与教育测量专家桑代克（E. L. Thorndike）等人曾提出："凡客观存在的事物都有数量，凡有数量的东西都可以测量。"测验标准化的思想在这一运动中得到了发展和实践。桑代克在教育测验的标准化上做了大量的工作，被称为教育测量学的鼻祖。使教育与心理测验得以广泛应用并进一步发展的是日益增长的社会需要。在美国，第一和第二次世界大战中，为了美国军队官兵的选拔和安置，心理学家编制的一批团体智力测验项目得到广泛的承认，并引起实业界和教育界的兴趣。第二次世界大战以后美国就业机会增多，教育得到发展，这些都要求更有效地评价人的能力，以便科学、合理地发挥每个人的作用。同时，利用测验来评价和选拔人员，体现了"任人唯贤"的民主思想，测验强调了教育中的竞争，强调了社会进步要依赖于科学。测验内容引导对科学知识的追求，测验本身追求的是对人进行科学与公正的评价。这些都是为人们所欢迎的价值观念。因此，后来测验在美国和西欧得到广泛使用，其种类和用途之多以至于新闻界称之为"考试工业"。与此同时，专门的考试机构在各国纷纷成立。考试机构的成立更有利于考试的管理和研究，因而推动了考试科学的更快发展。

科技进步，使测验手段更新，对测验发展起到了促进作用。例如，电子计算机、光电阅读机等现代化技术设备应用到考试中，大大提高了考试的效率，节省了大量人力、物力。这些技术手段的引入，使考试的管理办法、实施过程，乃至统计方法都相应随之改变。采用了人与计算机对话的测验方式后，个别施测的标准化测验也得以施行。手段的更新使测验的质量和效率得到进一步提高。

在传统考试基础上发展起来的客观化、标准化的测验到 20 世纪 40 年代以后，进入了深入研究与发展的阶段。

用教育测量学理论指导的测验使考试更加客观化、标准化，促进了考试自身的巨大进步。但是因为对"人"的测量，单纯用测验的方法不能全部解决，例如对学生学习态度、实际技术、鉴赏能力、品德、情操等，测验都不能充分把握。美国的一些专家学者为配合在 1933—1940 年 8 年之中进行的教育改革研究，悉心设计了一套教育评价的方法，把测验以及所有能用来考查效果的方法综合起来，以评鉴教育是否实现了预期的目标，引出了教育评价的概念，从而推动了教育测量的更深入发展。教育评价强调考查活动为实现教育目标服务。虽然评价不仅重视测验，也重视测验之外的评定方法，但是，测验终归是最基本、最可靠的评价技术，因此，对测验的科学化工作一直在加强。

从考试历史的回顾，我们可以看出，考试、测量、测验、评价等这些与考试活动密切相关的名词，有些时候是可以通用的，而在一定的背景下，又有其各自特殊的含义。

二、标准化考试与我国的考试改革工作

我国在 1917 年以后也开始了教育测量的研究，编制了几十种教育测验，并聘请国外专家来华讲学。在抗日战争前，我国出版的教育与心理测量方面的书籍有二十多种。

新中国成立后，在"左"的错误影响下，心理与教育测量的研究一度陷于停顿。1979 年以后，心理测验在我国开始恢复，一些测验量表在专家的指导下又重新进行了修订。另外，北京等地心理与教育测验的专家们开始以教育测量的观点评判我国的大规模考试。专家们在调查研究的基础上发表文章，具体分析了我国高考的一些弊端，介绍国外现代教育测量的思想和观点，倡导考试标准化。国家教育委员会（原教育部）学生司 1981 年至 1985 年多次召开了有关高考改革的研讨会，举办专家讲习班，介绍标准化考试的思想，研讨改革的理论。我国普通高等学校招生统一考试，每年参考人数众多，它是目前国内最有权威、最有影响的考试。自 1977 年恢复高考 1978 年实行全国统一考试以来，对于拨乱反正，提高教育质量起到了重要的作用。由于高考沿用传统考试的办法，长期以来存在一些缺陷。使用教育测量学的观点分析，高考存在的主要缺陷有：

（1）考试的目的要求不明确。现行高考既担负着为普通高校选拔新生的任务，又起着评估中学教学质量的作用。由于目前我国高中生升入高校的比率很低，实际上高考很难按高校的实际需要挑选新生，而且较难的题目又加重了中学广大师生教学负担和心理的压力。

（2）高考试题多为主观性试题，题量小，对知识的覆盖面小，不能准确测量考生的真实水平，评分误差也比较大。

（3）采取临时性的经验办法命题，不能保证试题在质量与难度水平上的稳定性和年度间的一致性。

（4）在报告成绩时采用原始分数，未经过技术处理，不利于高等学校择优选拔，也不利于中学改进教学。

（5）印刷、包装、评卷、统计等基本是手工作业，容易产生差错，浪费人力、物力。

邓小平同志在 1978 年 4 月 22 日全国教育工作会议上的讲话中曾指出：

"要认真研究和试验，改进考试的内容和形式，使它的作用完善起来。"为了适应时代发展的需要，高考改革势在必行。

在对标准化考试理论研究的基础上，1985 年，国家教育委员会委托广东进行高考标准化改革试验。试验的方针是在继承中国传统考试经验的基础上，吸收外国有益的做法，创造适合中国国情的标准化考试。1985 年试验的科目为英语和数学，1988 年扩大到 5 个学科，英语科的试验扩大到 17 个省、自治区、直辖市。1988 年 11 月，国家教育委员会邀请几十名专家对广东的试验进行了评估，评估会之前国家教育委员会聘请有关专家对广东试验过程和效果做了调查研究，评估会在定性和定量分析的基础上，得出了一致的意见。会议认为，广东高考改革试验在命题、考试的实施管理，以及评分、分数解释等环节都作了探索，从而形成了一套规范化程序的雏形，取得了较好的效果，因而证明标准化考试在我国大规模考试中（如高考）是可行的。广东试验用机器阅卷，从而减少了评分误差，并节省了大量人力、物力，在促进考试管理现代化方面有明显的效果。会议肯定了试验的基本经验，同时也提出了应改进之处，使得标准化考试改革在考试内容、题型、考试管理、分数处理等方面的进一步改革研究任务更明确了。

在标准化考试改革研究、试验的基础上，1989 年 5 月，国家教育委员会决定分两步在全国实施标准化考试。第一步，在 1992 年前，各学科选择题与非选择题分两张试卷，选择题用光电阅读器评卷，并进行其他改革的准备。第二步，1995 年前，初步达到施行标准化考试的基本标准，主要是：制定考试大纲，明确知识能力的考试要求，确定各学科适合的题型及比例，建立相对稳定的命题队伍，建立题库，改进命题工作，改进和规范考务管理工作，对分数进行转换处理，发布对教学的反馈信息，并使手段不断现代化。

标准化考试改革的重点是考试内容、形式及方法手段上的变革。标准化考试使测量的结果更科学、客观，手段现代化，提高了考试的可靠性、有效性，增加了社会效益和经济效益。但是，标准化考试改革不是考试改革的全部工作，标准化考试改革是考试改革的必要条件。

1983 年，考试制度的改革开始酝酿。1985 年，上海市开始试行高中毕业会考制度。1989 年，国家教育委员会决定，争取用三年时间，在全国范围内试行普通高中会考制度，1991 年在湖南、云南、海南开始大范围的高考科目设置改革，进行了两年。同时，改革录取方法。这是在普通教育中建立健全考试制度的重要步骤。在会考制度中，教育评价的作用也得到发挥。

考试改革的最终目标是建立具有中国特色的现代化的考试体系，其中必然还将包括职业考试等其他各类考试。考试改革的这些进展都离不开考试的标准化、客观化。随着考试改革的深入，标准化考试将会不断发展、完善，不断提高水平。

三、标准化考试的基本内涵

"标准化考试"是现代教育测量领域中的一个概念，但是对于这个概念，国际上至今没有一个统一的、简要概述的定义。各个使用测验的机构、研究测验的专家，在解释标准化测验时往往都是从各个不同的侧面对标准化考试加以描述。描述大都涉及了命题、施测、评分、分数转换与解释、测验的种类等几个方面。有些描述文章中，也含有对"标准化测验"一词的概括。比如"测验的标准化是使得原始分变成稳定的、可核实的、有意义的测量过程"（见《国际教育百科全书》英文版"标准化测验"词条），又如"标准化测验就是对在统一环境条件下获得的一组行为样本的测量"（见《不列颠百科全书》英文版"标准化测验"词条）。

综合分析国外对"标准化测验"的定义和描述可以看出，"标准化测验"一词的使用有广义和狭义两种。广义使用的一种认为，凡是符合现代教育测量学对测验作出的科学性、客观性要求的各种测验都可归入标准化测验的范畴。狭义使用的一种认为，标准化测验特指采用客观性试题的，标有信度、效度等各种指标，建立了常模的，相对于教师自编测验而言的大规模测验。狭义使用者在谈到按教育测量学的要求不断提高考试质量的努力时，称之为"考试的改进"而不是"对考试标准化的追求"。

我国在吸取国外考试经验，进行考试改革的过程中，对"标准化考试"一词采取了广义的定义。目前，国内一般研究考试的专家和实际工作者都倾向于用下述方法下定义，即先作概括性叙述，再配合以操作性语言的解释。在各种解释标准化考试的书中，所运用的概述方式略有不同，在对其作操作性解释时，有的分列四个环节，有的分列三个环节。但是这些定义总体上没有分歧。

标准化考试的定义：标准化考试是一种按系统的科学程序组织，具有统一的标准，并对误差作了严格控制的考试。考试需要做到试题编制的标准化、考试实施的标准化、阅卷评分的标准化以及分数转换与解释的标准化。

标准化考试的各个环节大致包含以下程序和内容。

一是试题编制的标准化。首先明确考试目的，然后制定考试大纲，即确定考试的类型、内容、重点、题型、难度、计分方法、时间等一系列问题。之后拟定编题计划、制定考试蓝图（或命题细目表）。命题人员根据编题计划编写试题，在有关人员筛选、组织为试卷之后进行预测。然后对预测的结果进行统计分析，计算题目的难度、区分度等指标，并检查试题在文字表达等方面的问题，对题目加以修改，再对照考试蓝图以及考试目的最后确定试卷。有时确定试卷之后还要再次预测，反复修改，日臻完善。

题库是标准化考试命题工作的理想形式。预测或正式测试过的各种指标符合要求的试题可存入题库，以便组卷时选用。建立题库需用教育目标分类学以及测量学理论指导试题的分类及测量指标的设立，需要电子计算机等现代化设备及优良的计算程序以及管理软件，需要有试题供给与测试系统以及保密的措施。因此并不是所有的标准化考试都配备有题库。

二是考试实施的标准化。在这一环节里主要是控制考试的外部环境，使考生在同一条件下公平竞争，保证考试的客观性。首先在试卷印刷时可以根据原版设计出几种不同的试卷以减少团体考试中互相窥看。每一个测验都配有详细的实施指导手册，对时间限制、考室规则、主考指导语、意外情况的处理等作出明确的规定。另外，考室的光线、通风等自然条件也应有必要的保证。在考试前对考生应有明确的、一致的指导，可以用考生手册等形式向考生讲明考试的目的、范围、试题形式和数量、回答方式、时间限制等，以使考生明确应考方向，减少无关因素对成绩的影响，使考试更公平。

三是阅卷评分的标准化。标准化考试中的客观性试题如选择题、是非题、填充题等，其答案是唯一的，在评卷过程中可消除人为的主观因素带来的误差。有些题如选择题、是非题等还可以用机器阅卷，则更快速准确。对于主观题，除了注意制定合理的评分标准外，在阅卷中还要采取一些措施。如严格挑选和培训阅卷教师，随机分配待阅试卷，以计算机辅助调整教师所评判的分数，以及复核等办法。

四是分数转换与解释的标准化。考试卷面所得到的分数叫"原始分数"，在一定条件下，依据一定法则转换出来的分数叫"转换分数"。"转换分数"更符合使用者在评价、选拔等各方面的实际需要。考试之后还要利用所得的数据，通过各种计算和分析对试卷本身和考生情况作出客观的评价，充分发挥考试的作用。

四、标准化考试应满足的基本要求

一次标准化考试通常涉及三部分人：一是测验的编制和实施者；二是被测验者；三是测验的使用者，使用者根据需要选择测验，并利用测验结果配合其他信息作出决策。三部分人从各自的角度来看待测验，但无论是谁，评价测验都应有客观的标准。评价测验的标准一般是效度、信度以及实用性。因此，有效性、可靠性和实用性是标准化考试应该满足的基本要求。

效度即测验的有效程度，也就是测验在多大程度上反映了要测的东西。效度要回答的问题是：测验是否能测出要测的东西，对所要测量的东西测量的准确性如何。

当我们用尺子来测量物体的长度时，我们毫不怀疑尺子这个测量工具是否有效。但是在教育测验中，测量结果是否反映了我们要了解的东西却不一定。比如用物理试卷来选拔篮球运动员，对于测验目的来说，测验就是无效的。教育测验属于间接测量。人们从要测的学科领域中抽出一些题作为样本，从这些题目的回答情况推断考生在整个学科领域中的表现，并且希望从测验的结果预测考生在将来某一工作或学习中的适应性。测验能否满足这些要求要通过效度分析来确定。目前对效度的分析大致分为三类：（1）内容效度；（2）实证效度；（3）构想效度。内容效度就是研究测验内容的代表性；实证效度研究的是预测问题；构想效度常常用于编制测验的研究工作，分析一个测验测量了几类心理特质，测验结构是否符合设计人员原来的设想。

对一个测验可同时进行几种效度的考查，例如，对智力测验来说，既可考查其实证效度（是否能预测将来的行为）和构想效度（对组成智力的某个预期的因素测得如何），也可考查其内容效度（对智力的各方面取样是否适当）。三种效度的考查是互相关联、互相补充的。内容效度和构想效度既是实证效度的保证又要得到实证效度的支持。而考查内容效度和实证效度又可帮助确定构想效度。

效度资料除用于评价和比较测验的优劣之外，还可以在做预测和决策时发生作用。只有根据效度较高的测验所测结果才能对参加考试的考生团体作出评价。如果希望评价个人，则效度要求更高。

当然，效度越高，测验对于预期的目的就越有效。通常用数学的方法计算得出测验效度系数。系数值多大，测验才算呢？没有明确的数值规定，要依靠比较。效度系数达到相对较高的数值时，测验就可使用。有时可以通过分析和计算估出所需要的效度最低值。一般情况下，通过实际应用与统计上的计算证明，使用了此测验比不用此测验决策效果好时，测验就是可用的。有时，效度系数为 0.2、0.3 的测验也在使用。

信度即测验的稳定和可靠性程度。

信度受随机误差影响，随机误差越大，信度越低。随机误差是由与测量目的无关的偶然因素引起而又不易控制的误差。在物理测量中也会存在随机误差。例如，用尺子量桌子的长度，记录多次测量的结果可能是 15.50 cm，15.48 cm，15.51 cm……并不完全一致。这些结果中包含着误差的因素。造成这些误差的原因可能是工具本身或是测量的操作过程。这种误差大小的变化是随机的，无一定规律，在测量中应尽可能被控制在最小范围。教育测量是对人的测量，测量过程中充满各种"活"的因素，误差更不可忽视。研究测验信度就是希望了解测验的可靠程度，从而对测量结果作出恰当的解释和加以使用。

测验分数的误差来源是多方面的，因此可从不同角度设计一些估计信度的方法，有针对性地对各种误差进行估计。比如说再测信度。用同一种测验，对同一组受试者前后施测两次，根据受试者两次测验分数计算出相关系数为再测信度。再测信度反映的是不同时间个人的差异和由于测量操作所引起的差异。又如复本信度。因为任何测验只是所有可能题目中的一份取样，所以在一个领域里可以按同一要求、同一规格编制许多平行的等值测验，叫复本。根据一群受试者在两个复本测验上的得分计算出的相关系数，为复本信度。复本信度考虑的是题目取样不同所造成的差异。此外还有分半信度、内部一致性信度、评分者信度等。

误差有多种来源，因而估计信度有多种方法，一个测验哪种误差大，便主要采用哪种误差估计的方法。每一种方法都有一定的应用条件、特点和局限性。可以对一个测验同时进行几种信度估计并对误差进一步分类分析。

信度不仅在正确解释测验结果时起作用，在比较两个测验的分数、考虑两个测验的相关系数等分析研究工作和对测验进行等值处理等实际工作中，信度都是一个重要的因素。

通过数学计算可以得出信度系数值。信度系数多大为好呢？一个测验从不同角度可得出不同类型的信度估计，不同的估计数值并不相同。信度估计值原则上是越大越好，信度系数 0.90 的测验，当然比 0.85 的要好。另外，通过分析和计算我们可以估计出适合于我们决策需要的最低信度系数。在对一般同类测验比较的基础上得出了这样的经验：一般能力与学绩测验信度系数可达 0.90 以上，性格、兴趣、价值观等人格测验信度系数常在0.80 以上。当信度系数小于 0.70 时不能用测验对个人作评价，也不能在团体间作比较。当信度系数大于 0.70 时可用于团体间比较，当信度系数大于0.85 时可用于鉴别个人。

考查一个测验的优劣有效度和信度两个指标，这两个指标之间又有密切的联系。信度是效度的必要而非充分的条件，效度受到信度的制约。

测验的使用者在采用某一测验之前除了信度与效度必然还要考虑经济与便利的原则，权衡利弊。如果试卷中有采用机器评分的部分，还要考虑相应的评分设备问题。有时因为经济的原因，不得不舍去信度、效度较高的测验，代之以可接受的信度、效度相对较低的测验。

为了有助于对分数的解释及应用，测验常常配有指导性说明，说明中包含：测验目的、编制程序、实施指导、评分标准及要求，解释分数时需参照的资料，对测验信度的证明，效度资料，等等。通过这些资料就可以得到对测验的了解和初步的评价。因此，对于测验使用者来说，这种必要的说明也是使测验得以实用的一个条件。

五、常用的标准化考试类型

标准化考试的应用范围是广泛的。为了讨论问题可以对标准化考试或测验从各个角度加以分类。通过分类对考试进行研究可以总结出一些规律性的东西，以利于考试质量的提高。

测验施测之后，受试者可以有一个与正确答案的要求相比较而得来的分数。像这种直接从测验上得到的分数叫做原始分数。原始分数本身意义并不明确。比如某学生成绩单上写着数学 85 分、语文 80 分，不能十分确切地反映出他的水平高低和是否数学比语文学得好。为了使原始分有明确的意义并可用来比较，必须把它们转换成具有一定参照点和单位的测验量表上的数值。转换后的分数叫导出分数。有了导出分数，才可对测验结果作出有意义的解释。按分数解释时参照的对象来分，考试可分为常模参照性和标准参照性两类。

常模参照分数是最常见的导出分数。常模参照测验是把受试者成绩与具有某种特质的个人所组成的团体作比较，根据一个人在团体中的相对位置来报告他的成绩。这里，用来作比较的参照团体叫常模团体，表示常模团体基本特征的量叫常模，一般指平均分和标准差。

利用常模可以很方便地找出一个人在某一测验中与团体相比较的位置；但是，如果不同年度之间所用的试卷不能保证是平行的（内容、难度等相等），则不能用同一常模作参照，必须要进行等值工作，等值转换后的分数才可用于年度之间的比较。

常模参照性测验是大家较为熟悉的测验，这里介绍的处理考试的各个环节大都适合于这类测验。我国现行高考，是通过将某个考生的分数与其他考生对比来决定是否将其录取的，因此属于常模参照性测验。

与常模参照性测验相区别的是标准参照性测验。

在标准参照性测验中，一个人在测验上的成绩不是和其他人的比较，而是和某种特定的标准比较。一种标准是对测验所包括的内容熟练或掌握的程度，将分数与此种标准比较可以搞清一个人知道什么和能做什么。因为涉及的主要是测验的内容，所以把这种分数叫内容参照分数。另一个比较标准是外在效标，即用预期的效标成绩来解释测验分数，因为涉及的是后来的结果，叫结果参照分数。标准参照性测验是 1963 年美国心理学家葛莱瑟（Glaser）提出，用以区分常模参照性测验的一个概念。由于在学生学习能力和其他行业成就评定中的作用，标准参照性测验越来越受到人们重视。标准参照性测验也遵循着标准化测验的一般规律。对其深入研究的专家们，对这种测验的信度、题目分析等方面又提出了一些更适用的办法，使这种测验更具特色。

高中毕业会考是通过把学生成绩与已定的标准比较来决定考生是否能毕业，因此可属于标准参照性考试。结合会考的开展，我国对标准参照性考试的研究将逐步深入。

应该说明，如果在大规模的考试中考生分数比较离散，则常模参照性考试中的一些分析方法和计算公式也可以代用。

还应指出，虽然我们把测验分为常模参照与标准参照两类，但是必须看到二者之间的联系。几乎所有测验，包括标准参照性测验都是建立在常模基础之上。比如，我们为什么把招收打字员的考试标准定为"每分钟打×字，不超过×个错误"，是因为这个标准是有打字能力的团体的较好的水平。

一个具体的测验可能是典型的常模参照性测验，或是典型的标准参照性测验，但是往往我们还会遇到一些测验并不那么典型，因此可以用常模参照与标准参照结合的办法来处理测验的分数。比如根据常模分数在几个认定的人数比例上划分数段，确定等级，然后找到这些等级对应的作答标准，具体评阅试卷时则以标准为依据，解释分数时不再转化为表示在团体中相对位置的常模分。这种做法被应用到国内外许多教育测验中。

按考试的内容特点，有人提出，教育测验可以分为成就测验和学习能力倾向测验两类。

成就测验测量的是学生经过学习，已具有的实际知识和技能，通过测验了解一个人已经学会了什么和能做什么。

学习能力倾向测验测量的是学生在接受某一具体教育之前表现出的，在给予某种适当的机会时就能较好获得某种知识或技能的能力。这种能力是在一定遗传素质基础上，以前的学习和经验积累的结果。通过这种测验可以预测一个人将来能学会什么和能做什么。为了避免过多地依赖具体的知识和教育经验，学习能力倾向测验一般集中在能迁移到各种广泛情境的技能和材料上，如果需要特殊的知识，则在题目中提供。解决这种问题时，学生必须把他的知识和技能应用到新的情境中。

由于教育效果是累加的，学习能力倾向测验不可能排除正规学习训练和特殊知识经验的影响。同时，成就测验也可能包括与课堂学习或正式教育经历无关的经验，并且成就测验也可以起到预测将来工作与学习表现的作用。因此，在成就测验与学习能力倾向测验之间没有截然的界线。目前，不少测验专家更提倡在测验已学知识和技能的同时，加强对学习潜能的测量，使成就测验与学习能力倾向测验更加融为一体。

我国在进行考试改革的过程中非常重视对能力的考核问题。在高考中，我们不赞成实行典型的成就测验或是典型的学习能力倾向测验，而是希望把对已学知识、技能的考查和对学习潜能的考查结合起来，促进合格人才的选拔和培养。

测验还可以以纸笔测验和非纸笔测验来加以区分。

纸笔测验的试题印在卷纸上，考生动笔回答。纸笔测验比较经济，便于实施，是一般大规模考试采取的形式。

非纸笔测验包括口试和操作测验。操作测验不仅指对物理、化学、生物等实验操作的考查，还包括完成一件科技或艺术作品，或是一项任务的设计与实施。非纸笔测验是出于对某种知识和能力测验的特殊需要而进行的，对教学有较好的反馈效果。但是由于不易掌握评分标准，测验信度较低。另外，非纸笔测验需要有一定的配套措施，如实验室设备、受过培训的主考教师、相应的教学计划等，不易实施。但是由于它的良好效果，非纸笔测验越来越受到重视。

分类的方法还可以有很多，每一种考试都可以在分类体系中加以分析。比如可以认为，高考是一种以纸笔为主的，知识和能力考查并重的，主、客观试题兼有的，常模参照性的考试。明确考试的特点可以更有目的地提高考试的质量。

第二节　标准化考试在全国的推广

一、推广标准化考试的背景

标准化考试的试点工作在广东取得了可以推广的经验。国家教委在认真总结广东试点经验的基础上，经过专家组认真评估，充分肯定了广东试验的阶段性成果。这些成果充分显示了标准化考试的优越性，值得逐步向全国推广。由此，国家教委向全国各省颁发了《普通高等学校招生全国统一考试标准化实施规划》。此实施规划要求各省秉持积极与稳妥的原则，制订各地的落实计划。同时，要求各省必须建立一支懂理论、有技术、会管理的专业队伍，并配置与此相适应的设备。规划中还要求各地必须加强宣传工作，以得到社会的理解和支持。实施规划对在各省市推进过程中的工作目标、实施步骤、工作措施等进行了具体规定，以供各省市制订和落实计划时遵循。

二、推广标准化考试的具体方案

《普通高等学校招生全国统一考试标准化实施规划》由国家教委于1989年6月颁发。主要内容摘编如下。

普通高等学校招生全国统一考试标准化试验，自1985年开始至今已经4年。1988年11月几十名专家参加的评估会议认为，试验已取得阶段性成果，初步显示出标准化考试的优越性，应逐步向全国推广。

在总结试点经验的基础上，根据我国目前的实际情况，经广泛征求意见，制定了《普通高等学校招生全国统一考试标准化实施规划》，现印发给你们，并就有关事项通知如下：

1. 请各省、自治区、直辖市主管部门本着既积极又稳妥的原则，按本规划制订适合当地情况的落实计划，于年底前报国家教委考试管理中心。

2. 标准化考试是一种学术性较强的工作，需要一支懂理论、有技术、会管理的专业队伍。请各省、自治区、直辖市主管部门注意培养专业技术人员，购置必要的设备，实现科学管理。

3. 标准化考试是一件新事物，关系千家万户。请各省、自治区、直辖市主管部门注意做好宣传工作，以取得全社会的理解和支持。

4. 高考标准化，不能照搬国外现成的模式，许多问题需要在实践中不断地探索、完善。请各省、自治区、直辖市主管部门在实施过程中，注意总结经验，使这项改革健康发展。

《普通高等学校招生全国统一考试标准化实施规划》还规定：

普通高等学校招生全国统一考试，要在继承我国宝贵遗产的基础上，借鉴国外成功经验，逐步实现标准化。

这是一项重要改革，应以教育测量学、教育统计学为指导，利用计算机等手段，严格控制考试误差，使考试更科学、更准确地测量考生的知识和能力水平，为高等学校择优录取服务，为改进教学提供信息，为教育决策提供依据。

一、目标

高考实现标准化是一项长期任务。1989—1991 年，以机器评卷为主，实现初步目标；1992—1995 年，达到标准化考试的基本要求。

1. 1989—1991 年。根据教学大纲确定合理的知识与能力层次要求、试题的难度以及各种类型题目的比例。改进命题办法，完善试题质量评价方法，保证试题水平的相对稳定。选择题用机器评卷，改进主观题（含不能用机器评卷的客观题，下同）评卷办法，严格控制评分误差。

2. 1992—1995 年。各学科建立初步可以使用的试题库。全国及各省、自治区、直辖市建立常模、转换标准分。

二、步骤

1. 1989 年。①公布英语《考试说明》，各省、自治区、直辖市选择题与主观题分卷，选择题用机器评卷。②除英语外的其他科目，选择题比例达 50% 左右，选择题在前，主观题在后。少数省、自治区、直辖市化学等部分学科选择题与主观题分卷，选择题用机器评卷。③在总结英语科目命题委员会经验的基础上，成立化学、物理科目命题委员会。④论证题库试验方案并开始试验。⑤评价试题质量，提出现阶段命题质量控制方案并付诸实施。⑥广东继续进行建立常模、转换标准分的试验。⑦开始发表年度工作报告。

2. 1990 年。①公布化学、物理《考试说明》。②成立语文、数学科目命题委员会。③各省、自治区、直辖市化学科选择题与主观题分卷，选择题用机器评卷。近三分之一的省、自治区、直辖市全部或大部分学科选择题与主观题分卷，选择题用机器评卷。④制订主观题评分误差控制方案并组织实施。⑤提出建立全国常模，转换标准分试验方案并开始试验。

3. 1991 年。①公布语文、数学《考试说明》。②成立政治、历史、地理、生物科目命题委员会，并公布《考试说明》。③各省、自治区、直辖市各科（日语、俄语除外）选择题与主观题分卷，选择题用机器评卷。

4. 1992 年。①在总结试验经验的基础上，制订题库建设方案。②在总结全国及广东建立常模、转换标准分试验经验的基础上，制订建立常模、转换标准分实施方案。

5. 1993—1995 年。①逐步开始各学科题库建设。②开始建立全国及各省、自治区、直辖市各类考生常模、转换标准分。到 1995 年，各科全部建立常模、使用标准分。③1995 年，根据标准化考试特点，制定新的《普通高等学校招生全国考试管理规则》。

三、措施

1. 建立培训基地，编写培训教材。1991 年前完成考务管理干部及有关管理、技术人员的培训，发岗位合格证书。

2. 研制全国统一使用的第二代阅读器。

3. 1989 年开始，1991 年前建成国家教委考试机构与各省、自治区、直辖市考试机构之间的计算机通信网络。

4. 研制适应标准化考试要求的自动印刷、包装设备。提倡联合印卷。

    5. 编制标准化考试普及宣传材料。

    6. 各省、自治区、直辖市制定训练考生的办法。

第三节　湖南标准化考试建设工作的稳步推进

根据国家教委的统一安排，湖南省积极参与标准化考试建设工作。根据湖南的实际情况，当时把标准化考试建设的重点放在国家教委安排的第一步，即在 1992 年前，各学科有选择题与非选择题两张试卷，选择题用光电阅读器评卷，而重点工作则放在光电阅读器的合作开发研制；同时，加强与标准化考试密切相关管理信息系统的开发、管理干部的培训等方面。为此，在全省招考系统内进行了广泛的调查研究工作，并集中力量与国防科技大学等高校进行合作，并制定了相关合作协议。经过几年的艰苦努力，湖南省在研制与使用光电阅读器、开发全省招生考试信息管理系统、广泛采用计算机管理招生考试业务工作、对全省招考系统的干部进行专业化培训等方面都取得了可喜成绩，得到了上级领导和社会的充分肯定，其中的普通高校招生全国统一考试管理信息系统荣获国家教委考试中心 1990 年全国标准化考试创新奖一等奖。

为响应国家教委的统一要求，湖南省积极推进分卷考试，其中的客观题部分采用机器阅卷，极大地降低了阅卷误差，提升了信息采集的效率，受到全省招生考试系统干部的热烈欢迎和社会的积极肯定。与此相配套，积极研发普通高校招生全国统一考试管理信息系统，不断推进招生考试的信息化管理水平。

一、湖南标准化考试相关项目研发概况

从 1989 年至 1991 年，经过三年艰苦努力，湖南省在招生考试的标准化和手段现代化方面取得了突破性进展，赶上了全国的先进水平，基本实现了国家教委 1989 年颁发的《普通高校招生考试标准化实施规划》提出的基本目标。

（一）三年全部实现标准化分卷考试的基本目标

1989 年，进行了三科的标准化分卷考试，实现了"零"的突破。1990年，实现了七科的标准化分卷考试。1991 年，高考九科全部实行标准化分卷考试，三年三大步都取得了极大成功。

（二）研制了《普通高校招生全国统一考试管理信息系统》

这个系统由湖南省普通高校招生办公室（以下简称省招生办）和国防科技大学共同研发。其软件结构由 9 个分系统组成，其中 7 个分系统于1992 年投入了使用，后两个系统也陆续完成。

1. 招生计划管理分系统

将在湘招生学校的招生计划、科类、专业、录取批次，全部录入计算机，形成计划库，保证了招生计划的准确性。省招生办向在湘招生的学校寄发了统一印制的《招生来源计划表》。采用全屏幕编辑的方式，将全部计划录入计算机，形成计划库。计算机根据不同的要求进行统计，生成和打印各种计划统计表。按要求与格式，把在湘招生的大、中专学校的全部招生计划、分计划形式、录取批次、科类，分别按招生学校及专业（含专业要求），打印出清样，照相制版，印于《招生通讯》上，予以公布。这样，就减少了校稿的麻烦。

2. 报名信息管理分系统

每年采集了 20 余万名考生信息（每个考生的信息 20 多项），建立了 10兆字节的考生报名信息库，保证了统考、评卷、录取、统计等对信息的需求。全省 20 万考生的报名信息，采用自行设计的信息卡，采集了每个学生包括姓名等 20 多项信息，建立了 10 兆字节的考生报名信息库，保证了录取和统计对信息的需求。利用报名信息，随机编排了准考证号码，编排了考场、考室号，准确地计算出试卷的印刷总量和按考区、考点、考室的试卷配置量；进行了优惠分的计算，统计和打印了各种报名情况表册。这样，不但统计准确，而且有利于防止舞弊，减轻考务人员的工作量。

3. 考生成绩管理分系统

将考生的成绩录入计算机，建立了成绩数据库，为划线、录取提供了准确的成绩依据。1990 年，湖南省高考除语文、数学外的 7 个科目的第一卷，共 90 万张答题卡，采用机器评卷（两道），将每个考生的填涂答案、大题分及机评总分均录入计算机，每个考生各科目的人工评卷大题分和总分也分两遍录入计算机，由计算机校验，再将两部分分数合成总分。用录入的成绩建立了成绩数据库。

为使评卷工作做到保密、准确，减少工作量，采取了以下措施：

（1）计算机编排评卷保密号，整个评卷工作采用保密号进行。统分全部结束后，由计算机将保密号还原成考号。

（2）考号采取 30 进制，规定 9 位数考号的末 2 位（01～30）为座位号。考试时，考生将自己的座位号填入试卷上的座位号栏内。这样既保密，登分又不需拆卷。

（3）采用多种校验措施，用计算机对考生的成绩进行查错，保证了成绩的准确性。

省招生办首次用自己的微机，在不到 10 天的时间里，准确处理了近 20 万考生共 150 兆的成绩数据，准时打印出考生成绩通知单、考生成绩册、上线名册、档案成绩贴条、划线及各种成绩统计表几十种，为录取提供了准确的成绩依据。

4. 志愿信息管理分系统

采集了 4 万多名上整档工作线考生的志愿信息，建立了志愿信息库，可以及时准确地向招生学校提供志愿预测表，确保计算机调档录取的顺利进行。设计了有 31 个志愿和 3 项身体素质信息的志愿信息卡，编写了具有很强校验排错能力的录入程序，使得计算机采集的 4 万多名上线的考生共 5 兆多的志愿信息的错误率在 0.04‰以下。用采集的志愿信息建立了志愿信息库，及时准确地向录取学校提供了一、二、三志愿预测表，确保了计算机录取调档的顺利进行。

5. 招生录取管理分系统

将上整档工作线考生的报名、志愿成绩等信息，生成录取主库与调档库，在录取中，从提前批到最后中专录取批，从第一志愿到调剂志愿，从打印调档名单、作录退处理、录取结账、打印新生名册，到多种信息的快速查询，利用电视字幕向录取人员所住房间传递录取信息，在接待站用计算机查询接待等，实行多层次全方位的计算机管理。

录取工作是对考生报名、成绩、志愿等信息的综合处理和利用。录取管理分系统将上工作线考生的成绩、志愿、报名等信息生成录取主库与调档库，然后进行志愿预测统计，以供高校确定调档线或调档比例；打印调档名单，供档案室调配档案和高校领取档案；作录退处理和录取结账，打印录取新生名册。该分系统除了完成正常的录取任务外，还提供了报名、成绩、志愿、录取结果等多种信息的快速查询。这样，在极大程度上排除了人的主观因素的干扰，能做到人工无法完全做到的平等调档，避免了因人的精力和记忆的不适应性而造成的工作差错，大大减轻了手工劳动，打印的录取名册规范、美观，统计数据准确及时。

6. 统计分析分系统

利用计算机采集、保存、科学分析招生考试中丰富的数据资源，可以为高教、普教、招生考试工作提供许多十分有用的信息。招生考试工作有丰富的数据资源，过去用手工处理，无法采集、保存和综合利用。现在利用计算机管理，获得和保存了大量宝贵的数据资源，利用这些数据，用计算机进行科学的统计分析，可以为高教、普教、招生考试工作本身提供许多十分有用的信息。1990年，省招生办对考生成绩、身体素质、录取结果等方面进行了一些统计分析工作，打印了多种统计分析报表。

7. 远程通信管理分系统

系统采用了3+网络系统，网上具有文件共享、打印共享服务，网络服务器上的文件、局域网点的微机均可存取，远程工作站也可随时存取。另外，系统还配置了点对点实时通信软件，形成了全省通信网络。在录取期间，每天晚上只用20分钟，就可将当天的录取结果传输到各地市，再由地市通知到县张榜公布，使广大考生不出县境就能得到录取结果。

整个系统设计合理，稳定可靠，功能全面，易于操作，其技术特点主要体现在：

（1）运用系统工程的方法，对该系统进行了系统可行性论证、系统分析和系统设计，一次总体规划，分步组织实施，系统规范，整体性强，功能全面，易于补充，便于操作。

（2）采用FOXBASE+2.10版本用户数据库管理系统，合理组织了上百个数据库。确保了近20万考生和近900多所学校的200多兆数据处理的准确性、可靠性和实时性。

（3）采用了当时国内普遍使用的微机3+网络系统，建成了招生系统的微机局域网和远程通信网络系统，网络内配置当时较先进的386服务器，使得大量数据充分共享、录取等信息迅速准确地传输到各地市。

（4）系统的功能采用彩色下拉式菜单，美观实用，操作简便，易学易用，人机接口十分友好，不懂计算机的人稍加培训，亦能很快掌握。

（5）数据输入采用全屏幕编辑方式，使得计算、统计和报表打印输出分离，充分发挥网络系统资源共享，多台微机并行处理的性能，而且汉字提示详细，光标移动自如，增强了直观性。这样，使得系统的处理速度和准确性大大提高。

（6）采用结构化、模块化程序设计方法，多库联动，多维数组，多重校验，通用查询等多种先进的编程技术和数据校验检错技术，使得系统稳定可靠，易于扩充。

1990年，该系统在全省招生考试领域里全面应用，取得了很好的社会效益和经济效益，受到了广大考生、家长和社会的普遍好评。1990年10月底，该系统顺利通过了鉴定。在鉴定会上，专家们一致认为：系统设计新颖，功能完整全面，系统稳定可靠。系统在数据录入、数据库管理和通信网络等方面，采取了很强的检校验措施，数据处理快、准确。系统的全面应用，使招生工作实现了科学化、规范化管理，取得了显著的经济效益和社会效益。

（三）研制了全自动、半自动、手动式三种类型的光电阅读器

环绕式全自动光电阅读器，具有准确度和可靠性高、工作速度快、运行平稳、功能齐全、操作方便等优点，其性能可与英国当时制造的光电阅卷机媲美。这种阅读器由湖南省普通高校招生办公室和国防科技大学联合开发，并于1991年在全省招生考试工作的全过程中投入使用，录入考生报名信息卡、会考成绩卡、志愿信息卡、高考答题卡、录取卡共计200余万张。整个阅卡工作进行顺利，效果很好。

二、推进标准化考试带来的良好效益

湖南省从1989年到1991年基本实现招生考试标准化和手段现代化，产生效益十分明显，有些方面甚至超出了当时人们的预料。

（一）社会效益非常显著

运用光电阅读器评卷，突出的效果是准确可靠，使高考成绩的信度大大提高。1991年全省申请查分的共有8352人，14879科次，共271万个记分点，机器阅卷部分仅有4个信息点因考生填涂不规范而误读。因此，人们称颂光电阅读器是"铁面包公"，广大考生认为机器评分可以放心。计算机在录取中的全方位管理，最大限度地排除了人为因素干扰，其突出的效果真正做到了公平竞争，公正录取。加上"三公开一监督""全封闭式录取"等措施的有效配合，使录取中拉关系、递条子、说情等现象明显减少，录取结束后的遗留问题基本没有了。1989年录取场地虽从韶山搬到长沙闹市区，但过去录取期间那种来访群众很多、场外车水马龙、人山人海的混乱场面再也看不到，代之出现的是安安静静的新面貌，来访群众一年比一年少。在整个录取期间，1989年接待2031人次，1990年只1243人次，1991年仅952人次。十多年来未治好的"顽症"终于治好了，大大提高了全省招生考试工作的声誉，对此，考生和考生家长有口皆碑，社会各界广为赞叹，各级领导更是予以充分肯定。

（二）工作效率大大提高

电子计算机和光电阅读器的广泛、全面使用，促进了各项工作的规范化、程序化、科学化，使工作效率成倍甚至十数倍地提高，从而缩短了工作时间，减少了工作人员数量，减轻了劳动强度。以评卷为例，1988年以前湖南省全部用人工评卷，虽然只有9万多考生，每年聘请评卷教师却多达4000人，评卷时间长达13天，还往往要加班加点才能完成任务。1989年以后，每年考生均在20万左右，随着机器阅卷科目的增加，所用评卷教师逐年大幅度减少。1989年三科机器评卷，用95名机评人员，手动式光电阅读器16台，在10天内完成了49.2万张答题卡的录入，相当于1100名评卷教师10多天的手工劳动量。1991年九科机器评卷，操作员减少到36名，使用自己研制的全自动光电阅读器7台，用8天时间，就完成了80万张答题卡的录入，相当于近2000名评卷教师10多天的艰苦劳动。操作员可以轮流休息，工作起来比较轻松，而工作效率却大大提高了。

（三）经济效益相当可观

现代化手段的广泛使用，缩短了工作时间，减少了工作人员数量，经

费开支也就自然节省了。据统计，全省 1989 年节省经费 20 余万元，1990
节省经费 30 余万元，1991 年又节省经费 50 余万元，三年共节省经费百余
万元。这种可观的经济效益，对于增强后劲，继续加强手段现代化建设，
发展招生考试事业，无疑是有很大作用的。

三、标准化考试建设的成功经验

湖南省的招生考试工作者们，抱着锐意进取、勇于钻研的精神推动标
准化考试工作的健康发展，在短短的三年时间里取得了良好的工作效果。
为什么短短三年能取得这样大的突破？归纳起来主要有三条。

（一）依靠正确的认识和坚定的决心

招生考试要不要、能不能走现代化管理的道路？对此，招生考试工作
者经历了一个实践、认识、坚定信心的过程。多年来，数据量大难以处理、
考务繁杂工作量大难以承受、差错多难以控制、社会干扰严重难以摆脱等
问题，一直困扰者我们。出路何在？答案只有一个：标准化、现代化管理
是必由之路。但是，当我们提出这个问题时，有人担心，有人怀疑，有人
否定，集中起来是怕冒风险，一旦失败，就难以下台，无法交代。经过冷
静的思考，我们深刻认识到，实现招生考试的标准化、现代化，是经济建
设和社会安定，更是招生考试事业发展的迫切需要，势在必行，刻不容缓，
尽管困难很多，风险很大，也要下定决心去干。这种精神和决心，得到了
领导的重视，有关部门的支持，社会的理解，从而更增强了我们成功的信
心。为此，省招生办领导组织大家认真学习国家教委的有关文件，学兄弟
省市的先进经验，消除各种思想顾虑，分析有利条件和困难，研究充分利
用有利条件，克服困难的措施。就这样，正确的认识化为坚定的决心，坚
定的决心变成齐心协力干的实际行动。

（二）大力发扬艰苦奋斗的精神

湖南省人口多，经济不发达，招生部门经费严重不足，现代化管理设备
和计算机专业人员都是零。可以说困难重重。但省招生办依靠"自力更生，
艰苦奋斗"这个法宝战胜了困难。最大的困难是缺钱，为了解决钱的问题，
大家一方面开源节流，精打细算，勤俭理财，严格控制行政经费，挤出钱来
搞现代化；另一方面是"借鸡下蛋"，向省教委计财处借款 30 万购买急需的

机器设备，通过先进技术的运用取得了很大的经济效益，当年就还清了全部借款。在加强对招生干部的培训，组织考生进行标准化分卷考试的模拟考试，加强标准化、现代化管理的宣传等方面，也都做了很多扎实、细致、有效的工作。

（三）与高校密切协作

高校有较强的技术力量，招生考试部门有丰富的招生考试实践经验，两者的密切协作，对于实现招生考试管理的标准化与手段现代化具有重要作用。省招生办的计算机管理信息系统和全自动光电阅读器，就是在国防科技大学的大力支持下，联合组成科研小组，共同研制成功的。

第四节　湖南标准化考试管理制度建设

随着标准化考试建设相关项目的建成和不断推广，特别是信息管理系统的开发成功并投入使用，客观上需要有与之相适应的管理制度，以保证这样一个覆盖全省的大系统顺利运行。制度涉及系统的设备配置、人员素质、系统管理及各层次的职责等。湖南省普通高校招生办公室在认真调研的基础上，于1992年3月制定颁发了《湖南省招生考试计算机网络管理暂行规定（试行）》。该暂行规定起到了规范管理、提高效益的作用。

一、制定《湖南省招生考试计算机网络管理暂行规定（试行）》的背景

随着标准化考试改革的启动和工作的不断推进，作为一个需要全省各地市州和县市区广泛参与的系统工程，工作方式也发生了巨大变革。原来的工作方式已无法完成此项工作任务，客观上需要引入先进的技术加入管理工作，其中最重要也是工作推进过程中遇到的一个最大的问题是技术问题，尤其是与计算机管理和使用及由此产生的计算机网络建设问题。湖南省招生办根据实际工作需要，在专家的指导下，经过与地市州招生部门的深入研讨出台了本暂行规定。暂行规定对计算机网络的组成、主要任务、建设进程、各级职责以及设备配置、人员配置与职责及相关的考核要求等都进行了规定和明确。

二、《湖南省招生考试计算机网络管理暂行规定（试行）》的基本内容

《湖南省招生考试计算机网络管理暂行规定（试行）》包括总则、网络各级职责、设备配置、人员配置、计算机网络工作制度、考核六大方面，共 29 条。

该暂行规定在总则中明确指出：

（1）全省招生考试计算机网络由三级组成：省招生办计算机中心（简称中心），各地、州、市计算机工作站（简称工作站），县（市区）计算机工作分站（简称分站）。中心同时和国家教委考试中心及学生司联网。

（2）网络在统一的程序控制下，进行招生考试各项数据的采集、处理、传输和利用。其主要任务是：①招生计划管理；②考生报名信息管理；③考生成绩管理（包括机器阅卷、建立常模、分数转换）；④考生志愿管理；⑤录取管理；⑥远程通信管理；⑦数据统计分析管理；⑧办公自动化管理；⑨印刷管理；⑩其他临时性任务。

（3）全省招生考试计算机网络的建设由省招生办统一规划。1992 年各地、州、市无条件建立计算机工作站。分站的建立，要按照积极稳妥的原则，1992 年先在少数县进行试点，然后逐步加以推广普及。建立分站必须同时具备以下条件：①具有适应现代化管理要求的管理水平；②配有从事计算机管理的专业技术人员；③备有购买必需机器设备的经费；④态度积极，主动申请；⑤经本地、州、市招生办同意，报省招生办批准。

暂行规定对计算机管理人员作出专门要求，指出"计算机管理人员是我省招生考试现代化管理的专业技术队伍，担负着确保全省招生考试计算机网络正常高效运行，提高招生考试现代化管理水平的使命"，为此，计算机管理人员必须履行好以下职责："（1）认真学习马克思主义、毛泽东思想，牢固树立为我国招生考试事业作贡献的优良职业道德。（2）精通招生考试管理理论并灵活地加以应用。（3）熟练掌握我省计算机网络的运行技术和操作规程，准确、高效完成规定确定的各项职能任务。（4）勇于改革，大胆创新，积极稳妥地开拓招生考试计算机管理的新领域。（5）自觉遵守《普通高校招生管理处罚暂行规定》和工作纪律。（6）严格遵守各项规章制

度，遵守操作规程，保持运行环境和设备处于良好状态。（7）管理各类数据、程序及资料，不得损坏，不得私自向外泄露技术和各类数据。（8）积极参加业务学习，不断提高招生考试计算机管理能力。"

第五节　湖南标准化考试建设的培训工作

一项先进的管理系统的引入，特别是一个涉及面广泛，需要众多人员参与的管理项目工程，技术培训在其中起着至关重要的作用。湖南省标准化考试建设过程中特别注重系统内的干部培训工作，把培训工作纳入年度规划，并对全省的培训工作进行系统规划，严控培训质量，并且狠抓落实，收到了很好的培训效果。

湖南省组织招生考试管理干部进行业务培训，是从 1988 年下半年开始的，至 1992 年 453 名专职招生干部中，已有 42 人获得了国家教委考试中心颁发的合格证，400 余人通过省招生办组织的业务轮训。地、州、市招生办和省招生办干部参加过国家级和省级业务培训的都在一次以上。

一、业务培训基本情况回顾

湖南省组织广大招生考试管理干部进行业务培训，主要包括三个方面：一是提高考试管理理论水平，二是学习计算机的应用与操作，三是提高招生考试管理水平。

早在 1988 年 11 月，根据当时招生工作的发展要求，湖南省便开办了计算机应用于招生考试的培训班，组织省、地两级招生办的 38 名专职干部集中脱产学习了三个月，由高校教师讲授 BASIC 语言、电子计算机操作技术、汉字输入方法、相关应用程序操作及其应用等。讲练结合，深入浅出，收到了较好的效果。参加这期培训班的大部分同志，经过几年的实践，均已成为省、地招生办应用电子计算机管理招生考试的骨干。

1989 年底至 1990 年初，省招生办结合 1988 年以来应用计算机管理招生考试工作的实际，组织省招生办同志进行了为期半个月的岗位培训，大家轮流讲课，从适应招生工作现代化管理的需求出发，讲管理，谈业务，互教互学，不仅统一了认识，理顺了关系，而且利用年头年尾这一工作衔接的时间搞业务培训，承前启后，使培训真正落到了实处。

1990 年 4 月，全省举办了第二期电子计算机培训班，对省地两级招办的 60 位同志进行电子计算机业务培训，为当年湖南省全方位采用电子计算机管理招生考试工作奠定了技术基础。

1991 年 3 月，根据"三南"高考科目设置改革试点要求，湖南省组织开办了省、地、县三级招生办管理干部培训班，为期 7 天，学员有 150 余人。这次培训班理论与实践相结合，对我国考试制度的沿革、高考科目设置改革以及高考改革后的实际操作等进行了研讨和训练，既提高了学员们的考试管理水平，又统一了认识和步调，为搞好当年的试点工作起到了积极的推动作用。

实施标准化考试改革的那些年，全省每年高考前都要组织开办省、地、县考务干部培训班，坚持了多年。这种培训形式，使工作人员不仅明确了统考工作要求，而且明确了统考组织管理工作的具体做法，为保证高考万无一失打下了组织工作基础。

二、管理培训班的学习生活制度

为确保各类业务培训班的培训质量，在集中培训学习期间，根据教学要求制定了严格的学习生活制度，并在实际培训学习期间严格执行。1992 年 11 月湖南省招生办颁发的《学习生活制度》，主要包括以下内容。

（1）上课不迟到，不早退，不旷课；不在教室内吸烟。

（2）认真听课，按规定完成作业，积极参加各项教学活动；严格遵守机房工作制度。

（3）自习时间禁止打扑克、打麻将或做其他与学习无关的事情。

（4）尊重老师，积极思考、提问，努力提高学习质量。

（5）团结友爱，互帮互学，共同提高。

（6）按时就寝，学习期间不准在外过夜。如有特殊情况，需经培训班办公室批准。

（7）珍惜粮食，不乱倒剩饭剩菜和其他食物。爱护公共设施，如有损坏，照价赔偿。

（8）尊重服务员和食堂师傅，如对住宿和就餐有什么意见，可向培训班办公室提出。

三、考试管理业务培训的几点启示

加强对招生考试管理干部的业务培训，必须根据招生考试工作的实际，因地制宜，因时制宜，讲求培训的整体效果。在培训形式和时间上，应当考虑招生考试工作的特点，妥善安排。

（一）培训时间要适宜

每年的第二、三季度是招生考试的大忙季节，省、地、县招生考试部门均处于高度繁忙的状况，这一时期不宜集中办班培训，只能结合工作开展岗位培训，于是省招生办便在高考评卷和录取工作期间，抽调一批地县招生办的同志来省里协助工作，让他们既全面了解和掌握招生重要工作环节的情况，又在实际工作中得到锻炼，提高业务水平，不啻是岗位培训的一种好形式。

每年的第一季度是招生工作的准备时期，可以挤出时间，开办短训班。因此，省招生办利用这一时间组织省、地两级招生办的管理干部集中办学习班，让大家熟悉当年的招生政策，研究当年招生工作实施办法，明确工作要求，为组织全年的各项工作奠定坚实的基础。超过一个月的培训时间，只能安排在录取工作结束后进行。这时候组织开办培训班，参加集训的同志可以安心学习，无后顾之忧，方能保证培训的质量。于是，省招生办抓紧这段时间或开办培训班，或派员参加国家教委开办的业务学习班，重点培训考试管理业务骨干。

（二）培训方法要不拘一格

鉴于招生工作一年四季都比较繁忙，业务培训必须突出以自学为主，短训和岗位培训为辅。凡是时间超过一个月的培训，主要是学习考试理论和实践操作，参加国家考试中心的合格证考试。培训必须做到理论联系实际，学用结合，融政策、法规、方法、理论于一体，使招生考试管理干部在有限的培训时间里学到更多的东西。

（三）增加投入，确保必要的理论资料，使培训落到实处

招生考试是一门学问，为了提高广大招生考试管理干部的业务水平，

大家十分注重招生考试理论的发展动态。省招生办经常组织地县招生办和中学订阅招生考试理论专刊，订购专业书籍，不时补充专业资料，让广大招生考试管理干部有所学、有所用，学用结合，不断提高。据统计，四年间组织征订了国家教委、兄弟省市出版的招生考试专业书籍 30 余种、10000余册，平均每个专职招生干部在 20 种以上。

（四）培训管理必须严格规范

在培训管理方面，从教学计划制订、作息时间安排、调研方案制订、结业标准要求等都必须有明确的规定。日常管理采用班主任制度，聘请有工作经验的在职干部担任。这些措施对于保证培训目标的实现至关重要。

四、培训课程内容简介

培训班的课程和学习范围，主要依据教育部考试中心和湖南省的实际师资及干部素质的实际情况而确定。开设的课程主要涵盖考试的基础理论、计算机管理基础、招生考试干部的基础素养等内容。主要业务课程包括以下几种。

（一）标准化考试

使用国家教育委员会考试管理中心主编的《标准化考试》一书，由张敏强和刘昕编写。该书主要介绍标准化考试的提出与发展过程，并详细介绍了与标准化考试有关的命题、标准化考试的组织与实施、评卷评分标准化、分数转换和解释标准化、标准化考试的评价等内容。

本课程针对为什么要进行标准化考试、什么是标准化考试这些人们最为关心的问题进行讲授讨论。将讲授基本概念与回顾考试招生工作历史相结合，注重课程与实际工作的关联性，让学员掌握标准化考试的基本内涵和标准化考试的发展历程。

（二）考试的统计分析方法

使用由国家教育委员会考试管理中心主编的《考试的统计分析方法》一书，由李伟明、冯伯麟、余仁胜编写。该书主要内容包括考试分数的数字特征、考试分数的统计图表、相关系数、概率论的初步知识、参数估计、参数的假设检验、非参数检验、回归分析、抽样方法等。

教育统计学是教育科学体系中的一个方法论的分支，它专述如何运用数理统计的方法去研究教育领域中的问题，这为教育科学的定量研究提供了概率统计的方法。它是一门科学，是社会科学中的教育学与自然科学中的数理统计互相渗透形成的一门边缘科学。

学好教育统计学、掌握考试的统计分析方法对于提高考试的科研水平和管理质量，促进考试现代化的改革，都具有十分重要的意义。

（三）考试的教育测量学基础

使用国家教育委员会考试管理中心主编的《考试的教育测量学基础》一书，由郑日昌、漆书清、马世晔编写。该书主要内容包括教育测量的历史、教育测量的基础问题、测验的编制、测验的题目分析、测量的误差、测验的质量评估、测验分析的整理、测验分数的解释与应用、题目反应理论等。

不难理解，考试是对学习结果的测量，不但是教育工作的一个重要环节，而且在社会上具有举足轻重的作用。在学校里有摸底考试、单元考试、期中考试、期末考试、升级考试、毕业考试、升学考试等；在社会上有招工考试、晋级考试、自学考试、出国考试、证书考试，五花八门，不一而足。考试的触角伸向各行各业，关系到社会的发展和人的命运。

考试的作用如此之大，但由于缺乏科学的理论指导，传统的考试方法弊端不少。为了更好地发挥考试的效能，必须以教育测量学为基础，走考试科学化之路。

本课程的宗旨在于系统阐述教育测量学的基本原理、基本概念和基本知识，为考试改革提供理论依据。

当然，任何一种方法和工具都有自己的长处和短处，测验的作用是有限的，只有把各种方法和工具结合起来，才能对人的心理特质和教育效果作出全面考察。

（四）计算机在考试管理中的应用

使用国家教育委员会考试管理中心主编的《计算机在考试管理中的应用》一书，由杨明福、张志朴、刘跃葵、鲁欣正、杨威等编写。该书主要内容包括计算机基础、考试管理信息系统的建立步骤、考生信息的组织与管理、计算机阅卷、考试成绩统计与处理、高校招生录取计算机辅助管理系统、考试信息计算机远程通信、轻印刷系统简介等。

第三章
"三南改革" 实践专题

1977 年，普通高等学校招生恢复了通过考试录取新生的制度，也就是我们熟知的 "恢复高考"。这是我国现代史上一件影响深远的历史事件，为我国改革开放、经济腾飞、经济社会全面发展，从而实现中华民族的伟大复兴奠定了必需的人才基础。到目前为止，恢复高考后共计培养了数以亿计的各类人才，他们分布在社会的各个领域，成为不断推进改革开放、经济社会快速发展的重要力量。高考，已经成为我国人民经济政治和社会生活中的一件大事。高考发展到今天，既是我国人才成长的重要枢纽，也是衡量社会公平的一块神圣的净土。因此，高考的存在与改革也就成为备受社会关注的热点问题。恢复高考以来，高考的优越性得到了极大的发挥，分布在全国各地的考生，不论出身和背景，都因为一张公平的试卷，一批又一批地从农村走进了城市，从普通的家庭走上领导岗位，从世代务农和务工的家庭进入了科学研究、经商办厂等影响中国和世界发展的各行各业。高考是实现社会纵向流动和稳定发展的重要推动力量。

随着考试招生制度的不断推进，统一考试的优势在得到不断发挥的同时，其中存在的不足和缺陷也体现得愈发明显，因此高考改革的呼声从来没有停止过。其实，恢复高考以来，高考存在和发展的几十年，也是高考不断改革的几十年。时至今日，高考改革仍然是一个备受社会关注的热门话题。党的十八大以后，党中央对高考工作高度重视，国务院于 2014 年发布《关于深化考试招生制度改革的实施意见》，开启了本轮改革的序幕。此次改革涉及的广度和深度，被认为是历次改革中最全面、最系统、最深入的一次。目前，改革工作还在不断深入之中。

改革是一项复杂的创新性系统工程。因为其复杂性，涉及社会的多个方面，每一次改革总会引起社会的广泛关注。而高考改革总是遵循着问题导向，希望能用更加科学的理论和方式来解决当前面对的困难和问题。那么新的改革思想从哪里来呢？向历史和科学理论请教，不断总结学习我国传统考试制度的合理部分及学习借鉴外国考试管理的合理经验是必须而有益的，而在这些方面，恢复高考以来的历史经验尤其值得好好总结和借鉴。事物的发展是有规律的，而规律恰恰存在于不断积累的历史事件之中。因此，认真总结和回顾恢复高考以来的几次重要的高考改革活动，并从中认真吸取对今天推进高考改革有用的东西，无疑是一件很有价值和意义的事情。"三南改革"就是有着样本意义的一次改革活动。

第一节　"三南改革"概述

"三南改革"是指 1991 年和 1992 年在湖南、云南、海南三省进行的高考科目设置改革。此次改革虽然已经过去了 30 年，但对于今天的高考改革仍有着极重要的借鉴意义。我国高考改革的脚步一直没有停止，并且高考改革所要面对的问题除了不断增加新改革内容之外，传统的问题一直存在。构成这些问题的核心要素包括考试科目、考试形式、赋分方法、录取形式、招生体制、高考与中学教育的关系等，而考试科目的改革当然是考试招生制度改革的重要因素之一。特别是高考科目与中学学习的关联方面一直受到教育界广泛关注，即高考科目怎么与中学教学情况形成正向引导作用，而不是简单地为考试而教学。要避免"应试教育"的发生，做到高考与高中教育有效的结合与分离，让高考既不扰乱高中甚至小学的正常教学，能积极地引导中学的素质教育，同时又能通过考试把中学阶段优秀的学生选拔进入高等学校学习。普通高校招生考试体制其实是一个包含考试和招生两个方面职能的统一体。高考改革的实现过程必然也是不断改革考试等测评手段、努力提供科学准确的测评数据的过程，同时又是普通高校根据国家政策、学校特点，依据考试测评数据等因素，科学地评价和录取新生的过程。这一过程的理想结果就是要实现立德树人，服务高校选才，有利于引导中学教学的统一，最后实现育人与选才的统一、减负与改革的统一、考试与招生的统一。这是几十年来高考改革一直在关注却一直未能很好解决的一个问题。时至今日，改革考试科目仍然是考试招生科学研究的一个重要课题。因此，承担着恢复高考后的第一次重要的科目改革试验的"三南改革"，其试验性成果是我们进一步探索研究高考考试科目改革的重要范本。

一、"三南改革"的背景

1977 年恢复高考招生，其重点是"恢复"，也就是恢复"文化大革命"前的高考招生模式，而"文化大革命"前的考试招生模式也是存在诸多不足之处的。这不足中最重要的表现部分为"片面追求升学率""学生严重偏科"等。恢复高考后这些潜在的问题依然存在，只是被恢复高考的积极作用所一时掩盖了而已。随着考试招生工作的不断推进，人们对于考试工作的科学性、公平性、规范性等问题的关注程度越来越高，同时，人才选拔的有效性和学生成长的多样性问题也一样受到大家的关注。高考作为指挥棒，对中学教学和人才选拔导向起到了至关重要的作用。随着高考在社会生活中地位的不断提升，提高升学率便成为中学追求的首要目标。怎么才能实现这一目标呢，开足马力应试是最有效的办法，由此产生的各类考试复读班、培训班、高考复习资料、考试复习技巧、高考升学率排名等，形成了以考试大纲为教学目标的中学教学态势，严重影响了中学教育阶段教学目标的实现。教育主管部门和教育理论界及考试招生工作者都对这一方面的问题非常关注，希望能找到一种有效的考试招生机制，这个机制既有利于中学教学，又有利于学生全面而有个性的发展，并为高等学校输送适合不同专业人才培养要求的新生，真正意义上把中学教育引入素质教育的轨道。

为有利于普通高中全面落实党的教育方针，提高教学质量，同时又有利于普通高校选拔新生，20 世纪 80 年代初有关省市根据国家教委的统一部署，决定实行普通高中毕业会考制度并在此基础上改革高考科目设置。

从 1985 年开始，上海和浙江率先进行了普通高中毕业会考制度试点，希望能够破解高考制度中存在的"片面追求升学率""学生严重偏科""学生学业负担过重"等问题,提升普通高中教学质量。湖南也积极参加普通高中毕业会考试点,按照国家教委的统一部署,并经省人民政府批准,从1988年秋季入学的普通高中学生开始试行(毕业会考)。从1990年起,全省普通高中取消始于1980年的高考预选,实行毕业会考制度。普通高中毕业会考是国家认可的省级考试,是检查、评估高中阶段教学质量,考核高中毕业生文化课学习是否达到合格水平的一种手段。考试科目包括高中阶段教学计划规定开设的9门文化课,采取学完1门考试1门的方法。由于会考性质属水平考试,命题着眼于衡量一个合格高中毕业生水平,1990年高中毕业生的毕业标准是文化课要求各科平均及格,即文科360分,理科420分。全省高中毕业生共140336人,参考人数136490人,占毕业人数的97.26%,其中:文科41858人,参考40695人,参考率97.22%;理科98478人,参考95795人,参考率97.28%。全省文科平均成绩72.92分,各科都及格考生占参考人数的62.2%,各科平均及格考生占87.53%(含各科及格数),各科都不及格考生占2.3%。全省理科平均成绩74.83分,各科都及格考生占60.46%,各科平均及格考生占88.96%,各科都不及格考生占1.91%。这些数据可谓是湖南通过首次毕业会考对自己的普通高中教育水平的一次检阅。会考成绩统计表明,全省中小学在整顿教学秩序、加强学校管理等方面已初见成效,大面积教学水平有了一定提高。会考的实施,对全省普通高中执行教学计划,克服学生偏科现象,控制教学难度,理顺教学秩序起了积极作用。但是,由于高考制度的不配套,一些人认为,应届高中毕业生在通过9门学科的毕业会考之后,以较短的时间来复习迎考,在与往届毕业生的升学竞争中,处于不利的位置,因而动摇了坚持实行会考的信心。湖南省教委认为会考取代了高中毕业考试和高考预考,减少了考试次数,并不影响毕业生高考复习,并就上述问题向省政府常务会议作了汇报。政府指示要进一步强化会考工作,对全省高中毕业会考和高校招生改革在政策上要进一步完善和配套。湖南成功地进行了普通高中毕业会考试点,为高考的科目设置改革创造了重要的基础条件,这也是湖南能参与"三南改革"的重要因素之一。

二、国家教委对相关工作的指导意见

在上海等地取得试点经验的基础上，国家教委于 1989 年下发了《关于试行普通高中毕业会考制度的意见》和《关于改革普通高等学校招生考试及录取新生办法的意见》，对普通高中会考的性质、考试科目、分数呈现形式、考试组织及高校如何在会考基础上进行招生录取工作进行具体规定。

两个指导意见是经专家组研究论证，在听取地方各省意见的基础上形成的，明确了省、自治区、直辖市的责任。意见指出，"省、自治区、直辖市教委、教育厅（局）要根据教学大纲的基本要求和本地区的实际情况制定会考标准，作为命题的依据""考试科目由省、自治区、直辖市统一命题，制定参考答案和评分标准"，阅卷、登分、会考合格证发放等也是省级教育部门的责任。而且，文件也赋予高校录取时的科目选择权，要求各高等学校根据其专业特点，提出 1 ~ 2 门选考科目建议。国家教委在各校建议的基础上，将高考科目编排为若干组。

《关于试行普通高中毕业会考制度的意见》规定：

一、普通高中毕业会考是国家认可的省级考试。它是水平考试，与高校招生选拔考试具有根本不同的性质。会考是检查、评估高中阶段教学质量、考核高中毕业生文化课学习是否合格的一种手段。实行会考制度必须有利于全面贯彻教育方针，有利于推动高中阶段的教学改革，加强教学管理，提高教学质量。

会考成绩合格，思想品德表现、社会实践、体育成绩等均达到毕业标准的学生可以取得高中毕业证书。

二、会考科目分为考试科目和考查科目。考试科目一般应包括高中阶段教学计划规定开设的九门文化课。劳动技术及物理、化学、生物学科的实验等为考查科目，着重考查动手能力。

三、省、自治区、直辖市教委、教育厅（局）要根据教学大纲的基本要求和本地区的实际情况制订会考标准，作为会考命题的依据。命题以学科结业学年所学内容为主。

四、考试考查应在学科教学全部结束后进行，学完一门考一门。

为了便于合理安排考试考查科目，省、自治区、直辖市教委、教育厅（局）可以对现行教学计划进行适当的合理的调整。在调整中应保证学科总课时不变，周总课时不得增加。

五、考试科目由省、自治区、直辖市统一命题，制定参考答案和评分标准。考查科目由市、县或学校根据省、自治区、直辖市制定的会考标准命题。

六、会考由省、自治区、直辖市统一组织，统一阅卷登分。有困难的地区，在具备监测和成绩平衡手段的条件下，可由地市进行阅卷登分。为保证会考的严肃性、真实性，各地应建立健全考务管理制度。

七、考试科目的成绩可分为若干等第。考查科目的成绩只分及格、不及格。

八、会考成绩不合格者，允许参加一次补考。补考由省、自治区、直辖市统一命题，统一考试时间，由县（区）组织考试评卷。补考成绩只分及格、不及格。

因病或其他特殊原因经批准缺考的，原则上参加下一年度的会考；毕业年级缺考的补考办法，由各省、自治区、直辖市制定。

九、会考证书由省、自治区、直辖市的考试机构统一发放。其中考试成绩由省级考试机构填写成绩等第并签章，考查科目成绩、补考成绩由组织补考的机构填写、签章。

十、各地高中综合改革试点校，以及经地方教育行政部门评估考察，办得好的部分学校，经省、自治区、直辖市教委、教育厅（局）审查批准后，可以不参加会考。这些学校高中毕业考试由学校自行命题，组织实施，省级考试机构给予承认发证。

十一、高中会考作为教学检查、评估的一种手段，势必涉及教学模式、课程结构、教学大纲及教育思想、办学条件、师资队伍等一系列问题。因此，进行会考试验的省、自治区、直辖市应当端正教育思想，改善办学条件，提高教师的思想业务水平，加快高中阶段结构和教育、教学的总体改革步伐，力争使会考的试验与高中阶段总体改革结合进行。

十二、为保证会考顺利进行，省、自治区、直辖市应建立有权威的考试机构，配备必要的编制，拨付一定的经费。考试机构应包括命题、考务、考籍管理、成绩统计分析及报告等人员。经费不足时，可向考生适当收取试卷费，标准由省、自治区、直辖市决定。

《关于改革普通高等学校招生考试及录取新生办法的意见》规定：

在普通高中省级会考的基础上，改革普通高等学校招生考试科目设置及录取新生办法。

一、考试科目设置

1. 必考、选考科目。

必考科目：语文、数学；

选考科目：政治、外语、物理、化学、生物、历史、地理。

各高等学校根据其专业特点，提出1~2门选考科目建议。国家教委在各校建议的基础上，将高考科目编排为若干组，供高等学校各专业招收新生考试时选用。

2. 考生根据报考学校的要求，参加指定科目组的考试。报考考试科目不同的学校、专业，须参加相应科目组的考试。

3. 艺术、体育院校及系科招生，在普通高中会考合格的考生中，加试术科。

4. 普通高等学校招生考试为选拔性考试，由国家教委依据全日制普通高中教学大纲命题。

5. 从1990年开始，高考各科考试科目在时间安排上全部单独排列。已实行普通高中会考的省、自治区、直辖市按本办法考试；未实行会考的省、自治区、直辖市，仍按现行办法考试。自1994年起，高考全部按新的科目设置组织考试。

二、录取新生办法

1. 省、自治区、直辖市招生办公室根据各考试科目组考生的考试情况，按略多于招生计划数的原则分别划定各科目组的最低控制分数线。

2. 以学校、专业为单位，根据高考总分，从高分到低分，德智体全面考核，择优录取。

3. 在高考总分相近的情况下，应录取会考成绩优秀的考生。

4. 会考成绩只分合格、不合格两等的省、自治区、直辖市，其须向高等学校提供考生会考的原始分数。

5. 对督导评估证明办学指导思想端正、教学质量好且稳定的中学，经国家教委（或由国家教委授权省、自治区、直辖市教育部门）批准，可扩大免试保送生的比例，具体办法另定。

这两个文件的下发，引起了湖南省教育界的高度重视，大家认真学习文件，广泛开展调查研究，研讨制订湖南省的落实方案，希望能在改革中有所作为。湖南是一个人口众多、基础教育比较发达的省份，湖南省教育界对本轮高考改革充满信心。

为把两个意见落到实处，解决好高考科目设置的具体操作办法和录取的相关工作要求，国家教委高校学生司在调研的基础上，于 1990 年 4 月又下发了《关于征求在会考的基础上改革高考科目设置及录取新生办法意见的通知》。通知指出："在省级普通高中会考的基础上改革高考科目设置，是普通高中毕业会考与高等学校招生考试的整体改革，目的是将水平考试（前者）和选拔考试分开，使二者各司其职，既有利于中学教学——克服因文理分科或偏科导致的中学生知识结构不完整现象，同时也有利于高等学校按专业要求选拔新生，改变现行高考中考试科目偏多，而有些科目与入学后所学专业相关甚微的弊端。"

通知提出了高考科目的设置原则，即高考科目必须覆盖普通高中开设的 9 门文化课，以保证普通高中毕业生的知识结构完整、合理；高考科目的编排须与国家教委教基字〔1990〕004 号文件精神调整的普通高中教学计划相适应，使绝大部分考生在备考时的学习负担不至过重，并大致相当；新的高考科目组在注重基础学科的同时，应侧重对考生性向能力的考查，即通过考试将在某一学科方面有特长和发展潜力的学生选拔出来；高考科目的组别不宜太多，以方便考生复习和选择应考科目组，并尽量少增加高等学校招生录取工作的复杂性。

通知提出了两种高考科目组合方案，并进行比较。

　　第一种：将高考科目分为4组，每组科目为：（1）政治、语文、历史、外语；（2）数学、语文、物理、外语；（3）化学、语文、生物、外语；（4）数学、语文、地理、外语。

　　第二种：将高考科目分为5组，每组科目为：（1）政治、语文、数学、外语；（2）物理、语文、数学、外语；（3）化学、语文、生物、外语；（4）历史、语文、数学、外语；（5）地理、语文、数学、外语。

　　上述两个方案的共同特点是：每组均含语文、外语，一半以上的组合有数学。外语可根据不同层次的高校在要求上的不同而以不同比例计分。

　　第一种方案的特点是，分组少，便于中学组织教学和高等学校录取；同时，将几个具有内在联系的学科编排在一组，突出了性向考查的特点。第1组中政治与历史学科联系颇为紧密，高等学校文、史、哲、经、法等绝大部分文科专业可以选用；第2组将数学与物理学科组合在一起，适合于高等学校绝大部分理工类专业选用；第3组中有化学和生物，可供化学、医学、生物、农林类专业选用；第4组中有数学、地理学科，高等学校的地质、水文、勘探类专业选用较为合适。

　　第二种方案的不同点在于，将政治与历史学科分开，增加一组，并分别加入了数学学科。这个方案的特点是突出了基础学科数学。但将政治与历史这两个相关学科分开，似降低了性向考查的成分，高等学校的某些专业在选择科目组时可能会有顾此失彼的感觉。

　　关于录取新生办法，通知指出，高等学校的有关专业先按各自选定的科目组进行录取，同时，各省、自治区、直辖市应对各组按计划完成招生任务形成的自然分数线进行测算。当各科目组的最低控制分数线之间出现较大差距时，可考虑对专业倾向相近的科目组接近最低控制分数线的考生的高考成绩进行分数换算（如将数理成绩折算为生化成绩），择优提供给高校录取，以避免因各组之间分数线相差悬殊而带来的矛盾，此外，高等学校录取新生时，原则上以高考成绩决定取舍。当考生德体以及高考成绩基本相同时，可参照普通高中会考成绩决定取舍。

第二节 "三南改革"中的湖南方案

一、"三南改革"湖南方案出台前的基本情况

根据国家教委的统一部署，从 1991 年开始，湖南、云南、海南三省统一进行高考科目设置改革试点，即后来所称的"三南改革"方案。该方案是国家教委在关于科目设置建议方案的基础上，经过结合地方工作实际并经省政府研究同意后制订的，具体的高考科目组设置为 4 组，每组科目为：（1）政治、语文、历史、外语；（2）数学、语文、物理、外语；（3）数学、化学、生物、外语；（4）数学、语文、地理、外语。该方案从 1991 年开始正式实施。

在当年的全国招生工作会议上，国家教委领导对高中会考基础上改革高考科目设置问题进行了布置。参加此次会议的湖南省招生委员会办公室主任刘鼎根同志在传达会议精神时说："这不是新出台的，而在以前早已考虑了，上海搞了三年试点。这项改革国家教委是经过充分调查研究的，是深思熟虑的结果。这项改革意义很大，是恢复高考以来最重大的一项改革。虽然只是在'三南'试点，实际上是全国性问题，因此，会议要求中央各部委、各高校都来支持这项改革。支持这三个省的工作，也是支持国家教委的工作，支持自己的工作。三个省的经验教训对我们都是非常有教益的。国家教委领导表示要尽最大可能，给这三个省撑腰。国家教委也恳切地希望大家这样做，这也是支持我们整个的招生工作。还特别指出：湖南省有近二十万考生，困难是很大的，希望大家都做一些补台的工作。"

可见，当时在推进高考科目设置改革过程中，也有不同的声音，这和任何一次改革所遇到的情况非常类似，但湖南的考试招生工作者们，善于思考，积极进取，使改革的进程得以顺利推进。

在当年湖南省的招生工作会议上，刘鼎根主任重点强调了搞好科目改革设置试点工作。他说："推行高中会考并在此基础上改革高考科目的设置，必将促进教育制度的整体改革，包括人才培养目标、学制、办学模式、

教学计划、课程设置、教学思想与方法等各个方面。毋庸置疑，这项重大改革是具有深远意义的，即要通过这项改革，建立起具有中国特色的社会主义教育考试制度的新框架，进而达到发挥其积极的、正确的导向作用，更好地为教育、教学服务，为经济建设和社会发展服务的目的。我们应该清醒地认识到，今年的招生考试制度改革'牵一发而动全身'，必然会引起全社会的普遍关注，肯定也会产生各种议论、态度和意见，对此，所有从事招生工作的同志要有应付各种复杂问题的思想准备，要树立用成功的实践来阐明这项改革的正确性、科学性的勇气和信心。为此，首先要消除自己思想上存在的疑虑，要充分相信这项改革措施的出台不是权宜之计，更不是草率之举，而是国家教委经过充分调查研究、审慎论证和深思熟虑的结果。只有这样，才会有搞好改革试点工作的厚实的思想基础。诚然，任何一项重大改革都不会是一帆风顺的，招生考试制度的改革也将是如此。因为这项考试制度的触角伸展至社会的各个方面，所遇到的困难定然是纷繁复杂的。大而言之，一方面，它必然会受到传统观念的冲击。目前人们对招生考试制度的深层意义还缺乏了解，就连会考的作用功能发挥得如何至今颇多争议，从内部争论到社会的不同看法，往往是仁者见仁，智者见智。另一方面，从具体的招生工作看，工作量和复杂程度都明显地加大了。高考科目设置改革后，从报名、组考、评卷到录取管理等管理制度和办法，有的需要完善，有的还要重新制定；高考科目由文、理两个科类分为四个科目组，工作量将会增加一倍多，同时也复杂得多。在三个试点省中，我省的矛盾尤为突出，考生人数比海南、云南两省之和还多一倍，近20万考生，录取率只有17%多一点，居全国最低水平，社会压力相当大，竞争也将会十分激烈。面对新形势、新问题，我们只能中流击楫，坚定不移地推进改革。"

会上，他还对做好当年的招生宣传工作提出了具体要求。他指出："着力抓好招生宣传工作，创造一个有利于招生考试制度改革的良好外部环境。宣传是招生考试制度改革的舆论先导，是传输信息、沟通联系的主要媒介。强化招生宣传工作，就是要为招生考试制度改革鸣锣开道，发挥宣传在招生工作中的导向作用、指导作用、咨询作用和激励作用。"

二、"三南改革"湖南方案的基本内容

1991 年的全省普通高等学校招生工作会议后，湖南省教育委员会和湖南省普通高等学校招生委员会联合下发了《湖南省 1991 年普通高等学校招生工作实施意见（试行）》，重点对科目设置改革进行了安排布置，并且对做好以科目设置改革为主要内容的改革工作所需要的招生工作环境均做了周密布置，规定对积极推进改革工作、工作成绩突出的单位和个人将给予奖励。该实施意见明确要求，高考科目设置改革工作必须在遵守国家教委颁发的《普通高等学校招生暂行条例》和《普通高等学校招生管理处罚暂行规定》的相关要求下进行。同时，对科目组的具体设置和每一个科目组对应的普通高校的招生专业进行了具体规定。该实施意见对科目设置改革后的考生的报名、志愿填报、统一考试、评卷录取等的变化情况，都进行了规定和指导。并特别强调要加强组织领导，充实招考队伍，加强新政策宣传，并明确了相关纪律要求。由此，正式揭开了"三南改革"在湖南的改革序幕。

现将《湖南省 1991 年普通高等学校招生工作实施意见（试行）》主要内容摘编如下。

（一）高考科目组设置

第一组：考政治、语文、历史、外语。

招生院校的中文、哲学、历史、法律、外语、艺术等专业，从本科目组的考生中录取。

第二组：考数学、语文、物理、外语。

招生院校的绝大部分理工专业，从本科目组的考生中录取。

第三组：考数学、化学、生物、外语。

招生院校的医学、药学、农林、生物、化学、体育等专业，从本科目组的考生中录取。

第四组：考数学、语文、地理、外语。

招生院校的财经、管理（经济）、地质、地理、勘探等专业，从本科目组的考生中录取。

（二）统一考试

1. 专业考试（口试）

音乐、美术、外语、体育专业的考生，在统考报名前，必须参加专业考试（口试）。其具体办法是：

报考外省音乐、美术院校或专业（系科）的考生，其专业考试仍由招生院校负责。报考省内音乐、美术院校或专业（系科）的考生，分师范与非师范两类组织专业考试，必须做到考试科目统一，计分办法统一。报考外语、体育专业的考生的专业考试（口试）分为初试和复试。

外语口试由省统一命题。初试由地、州、市招生办组织实施，并按招生计划的 3 倍确定参加复试人数，复试由省招生办统一组织进行。体育专业初试，由县（市、区）组织实施，地、州、市招生办按招生计划的 3 倍确定参加专业复试的指标，并分配到县（市、区）。复试由省招生办公室统一组织，采用集中的方式进行。凡初试合格的考生，方能参加复试。

2. 文化统考

（1）统考于七月七日、八日进行。

（2）九科全部实行标准化分卷考试。单科分值 150 分，每个科目组的总分为 600 分。

（3）分科目组随机编排考号。因音乐、美术、外语、体育、飞行学员、对口招生考生，须单独划线，单独录取。应在所报考的科目组中，按地、州、市或县（市、区）单独编排考室。

（4）考点原则上设在县城。如确有困难仍需在县城外设考点的，须报省招生办公室审查。要积极开展创建"标准化考点"和"优秀考点"的活动。

3. 报考建筑学、城市规划（含城镇建设管理）、风景园林（含园林绿化）、室内装饰设计及机械工艺造型专业中高考总分达到最低控制分数线的考生，要加试"徒手画"。加试"徒手画"的时间定于八月初。

（三）录取管理

1. 录取是招生工作的中心环节，必须贯彻德、智、体全面考核，根据考生志愿顺序，从高分到低分，择优录取的原则。必须加强对录取工作的管理，建立健全有效的规章制度，净化、优化录取环境。

2. 以全国统考总分为依据，按照招生计划，分科目组确定各层（批）次的最低录取控制分数线。

音乐、美术、外语、体育专业以文化统考成绩和专业考试（口试）成绩为依据确定最低录取控制分数线。凡本科层次（含省内农、医、师本科预分配招生计划部分）及面向全省招生的专科批次的最低控制分数线，由省招生办公室确定，省招生委员会批准；面向地、州、市招生的专科、中专的最低控制分数线，由地、州、市招生办公室确定，地、州、市招生委员会批准，报省招生办公室备案。最低录取分数线一经确定，不得随意改动。

3. 高等学校录取新生时，对考生文化成绩的考核，原则上以高考成绩决定取舍。当考生德、体方面的情况以及高考成绩基本相同时，可参照普通高中会考成绩决定取舍。高等学校的系科、专业应按经国家教委批准，向社会公布的科目组进行录取，科目组之间不进行分数值换算，不兼录。

4. 录取工作分批进行。分别为提前、重点本科、一般本科、专科、中专、自费等批。委培、定向招生的录取在招生学校录完国家统招任务后同批进行。

5. 录取工作实行电子计算机全方位管理。运用电子计算机全层次调配档案。

6. 录取期间对录取场地实行全封闭管理。各个层次的录取均由省招生办公室统一领导，统一管理，统一审批。

第三节　改革第一年（1991 年）的情况回顾

一、概况

1991 年湖南省的高考组织工作，严格按湖南省教委和湖南省招委发布的《湖南省 1991 年普通高等学校招生工作实施意见（试行）》的相关要求组织实施。因为是执行高考科目设置改革的头一年，全省各地、州、市和县（市、区），经过层层培训，压实各级教育和考试部门的责任，并在中学进行了广泛的宣传。全省上下对新的高考科目设置都有了全面了解，组考的各项工作也提前安排到位。整个考试过程平稳顺利，录取工作也在大家的共同努力下完成了任务。作为一种与原来的高考明显不同的科目设置形式，当然也出现了不少在改革前没有预料到的问题，并产生了广泛的社会反响，有些突出的问题引起了社会关注。1991 年高考录取工作结束后，湖南省普通高校招生办组织了各地、州、市和有关县（市、区）的招生考试系统干部广泛听取意见，集中总结研讨。通过这些活动，既总结科目改革带来的积极影响，同时又提出科目设置改革后出现的问题，并提出了方案完善建议。

二、科目设置改革带来的积极影响

经过一年的试点，大家普遍认为，改革带来了以下几个方面的积极影响。

（1）方案具有可行性。学生和家长基本都能接受这些方案，并对由此而录入到不同高校的相关专业没有提出较以往的录取方案不同的意见。

（2）减轻了学生的应考负担。高考科目设置原来按照文理分科报名考试，现在变为分四个科目组报名考试，每个考生的参考科目由 6~7 科降低为 4 科，明显降低了参考带来的压力，减轻了考生的应考负担。

（3）高中毕业会考取得了预期的效果。本轮高考科目组设置改革，是建立在高中毕业会考这一基础之上的。高中毕业会考的有效实施是本轮高考科目设置改革整体方案的重要组成部分。湖南省全面实施高中毕业会考，考试科目覆盖普通高中开设的 9 门课程，有效地改进了学生明显偏科的情况，保证了学生的全面发展。

三、高考科目设置改革反映出的主要问题

本轮高考改革力度较大，前期没有类似的实践经验，改革实施一年后的总结分析表明，该方案在实施过程中存在下列值得改进和完善的地方。

（1）关于第二、三、四科目组不考政治的问题。大家认为，高考科目

对于中学的教学与学生的学习成长都有着非常明显的导向作用，高考是中学教育的指挥棒，中学教学多年来在很大程度上受到高考科目的深刻影响。本次改革方案的四组课程设置方案中，第二、三、四科目组的设置方案是：第二组考数学、语文、物理、外语，第三组考数学、化学、生物、外语，第四组考数学、语文、地理、外语。不难看出，这三个科目组都不考政治。虽然方案制订中强调，此次科目设置改革是建立在普通高中会考基础上的高考选拔性考试，但是现实情况中存在会考的信度、难度不理想等问题，对于中学的政治教学造成了不利影响。同时，也不符合德育教育要求，社会反应较大。

（2）第三科目组只考数学、化学、生物、外语四科，不考语文的问题。对此，社会反应也较为强烈，认为语文作为母语，是每一个学生成长、成才不可或缺的重要素养，不考语文等于丢了自己的魂。况且，中国正在进行改革开放的伟大民族复兴事业，中文的影响力会越来越大，今后国际上中文的地位也不会亚于英语。讨论的焦点在于，所有考生都应当考语文，才能体现科学选才导向和正确引导中学教育。

（3）关于往届生录取比例过大的问题。社会上不少人认为往届生比例过大对应届生不公平，也是教育资源的浪费，需要采取措施，提高应届生的招生比例。高考科目组改革，因为减少了考试科目，导致复读生比例有上升的趋势，这不利于基础教育和整个教育事业的良性发展，对应届生不公平，如此循环往复会造成教育资源的浪费。

（4）关于会考质量问题。也有不少的意见集中在会考的质量问题上。认为会考的信度和效度还有待提高，如果不充分提高会考的质量，建立在会考基础上的高考科目改革就会失去根基，因此，需要加强会考的质量管理。

还有些其他方面的问题，诸如科目组对专业选择的规定存在不完善的地方，也需要改进等。

四、坚持问题导向，不断完善改革方案

湖南高考科目设置改革试点中反映的问题，引起了国家教委和湖南省政府领导的高度重视。国家教委为此出台了在"三南"第一年改革基础上

推进科目改革的意见,并在 1992 年实施。湖南省人民政府根据国家教委的要求召开专门会议,就改进会考和高考工作进行了具体研究,并提出了相应的完善措施。

这些完善措施主要集中在以下三个方面。

(1)完善科目设置方案。重点解决科目组中的第二、三、四科目组不考政治的问题。要求 1992 年报考第二、三、四科目组的考生,政治科的会考成绩均以原始分计入高考总分。并且对于政治会考内容作出了具体规定,要求按高考的标准进行组织,确保试题的信度和效度。同时,对于第三组不考语文的问题,也是通过会考成绩来进行补充,1992 年凡报考第三科目组的应、往届毕业生(1991 届毕业生语文会考成绩在 65 分以上免考)必须参加高中语文会考,且成绩达到 65 分以上。并对应、往届毕业生参加语文会考的时间作出了具体安排。这两项调整是回应社会上对于新科目组中三个组不考政治、一个组不考语文的意见。

(2)进一步改进了录取工作方案(强调德育,调整应届生录取比率)。1991 年考试结束后,除了部分科目组中不考政治和语文的问题外,还出现了对德育重视不够和往届生在录取中所占比例过大等问题。对此,1992 年的招生考试方案也进行了比较系统的改进。其中对录取政策作了调整,包括:扩大地市级三好学生和优秀学生干部的奖励面,对思想品德评价特别优秀的学生实行优惠,对会考成绩优秀且与高考相关科目的会考成绩特别优秀的学生实行优惠,对获得省级以上单科竞赛优胜和科技发明创造奖的学生实行优惠。同时,还要求高校招生录取时,通过调整录取分数线,使 1992 年高中应届毕业生在高考录取总人数中所占的比例,不低于应届生在参考总人数中所占的比例。

(3)继续推进高中会考制度。搞好高中会考制度改革是进行高考科目设置改革的前提和重要条件。1992 年的重点工作除了对高考科目设置进行完善外,同样,对高中会考也提出了明确要求。要求所有应届毕业生以及准备参加高考的往届生(含拟报艺术、体育类考生),都必须参加全省高中毕业政治会考,无论应届生、往届生,政治会考不及格不能报名参加高考(当年不补考)。报考第二、三、四科目组的考生政治会考成绩以原始分计入高考总分。鉴于高考第三科目组不考语文,为保证高校新生必要的语文水平，因此，除1991届高中毕业会考成绩已达到65分者外，报考第三科目组的其他考生，须再次参加1992年全省高中毕业会考的语文考试，且会考成绩需达到65分（不含补考），才有资格报考第三科目组。

五、国家教委对"三南改革"第一年工作的评价及对第二年改革工作的要求

针对湖南、云南、海南在高考科目设置改革过程中出现的新情况，为稳妥推进本轮高考科目设置改革工作，国家教委于1991年11月专门下发了《关于湖南、云南、海南三省1992年继续试行高考科目设置改革及有关问题的通知》，有针对性地对出现的问题提出了完善解决方案。

国家教委《关于湖南、云南、海南三省1992年继续试行高考科目设置改革及有关问题的通知》摘编如下。

> 1991年，湖南、云南、海南三省普通高等学校统一招生，在高中毕业会考的基础上，只考与所学专业密切相关的少数科目，并相应调整了录取等办法。这是建国以来普通高等学校统一招生考试科目设置及有关招生办法的一项重大改革试点。湖南、云南、海南三省及在三省招生的各高等学校，认真制订方案，深入进行宣传，精心组织实施，使这一改革试点顺利进行，取得了宝贵经验。初步的实践证明，湖南、云南、海南三省改革高考科目设置的试行方案是基本可行的。
>
> 1992年，湖南、云南、海南三省普通高等学校统一招生考试的科目设置、高等学校各专业在三省招生科目组的选定及有关招生办法等，本着试行方案宜基本稳定的精神，仍按教学〔1990〕012号、教学司〔1990〕061号、教学〔1991〕6号诸文件的精神执行。望湖南、云南、海南在省政府的领导下，认真总结经验，再接再厉，做好试点工作，为全面实施高考改革作出贡献。
>
> 根据国家教委主任办公会议讨论以及今年的经验，请湖南、云南、海南三省明年注意做好以下工作：
>
> 1. 为了发挥考试对教学的积极导向作用，但又不增加考生的负担，第二、三、四科目组的考生，高中毕业会考政治科的成绩，均以原始

分计入高考总分。1992 年高中毕业会考政治科内容包括高中现在开设的近现代史课程，但不包括本届毕业生暂未开设的《关于中国近现代史及国情教育总体纲要》的内容。望精心命题、认真施考。考试日期不应过早。今后有关上述纲要内容如何考试，将另行作出规定。

2. 考试时间，语文科为 150 分钟，其他各科均为 120 分钟。

3. 普通高中应届毕业生报考普通高等学校，必须高中毕业会考合格。各省应根据国家教委颁发的教学大纲制订合理的会考标准，并认真执行，采取有效措施严厉禁止按高考科目组分班教学的现象。

4. 对普通高中往届毕业生报考普通高等学校，省招生委员会可根据《普通高等学校招生暂行条例》先行预选，合理而妥善地解决往届生与应届生之间不平等竞争的问题。预选办法请各省制订并报国家教委备案。有两年以上农业林业生产实践经验的青年及民办教师，按有关规定对口报考农、林、师范院校；中专、技校、职业高中毕业生，工作满两年，经所在单位批准，可不经预选。

5. 各高等学校参照教学司〔1990〕61 号文件精神，根据所设系、专业特点选报相应的科目组，为支持试点工作，各高等学校均不应减少在三省的招生数。录取时，各科目组之间一般不调剂，有特殊情况需要调剂的须报国家教委学生司批准。

六、湖南省对"三南改革"方案在第一年试点后的调整方案

根据国家教委通知要求，湖南省教委和湖南省招委于 1991 年 12 月下发了《关于补充和调整我省 1992 年高考科设置和招生录取有关政策的通知》。该通知是在充分执行国家教委的要求和湖南省的工作实际而制定的，特别是对于一些社会反应强烈的问题提出了具体的改进措施。通知发到各地、州、市、县教委（教育局）、招委，在湘各高等学校。文件主要内容摘编如下。

（一）关于高考科目的设置

国家教委最近下发的 28 号文件指出："试行方案宜基本稳定。"本着这一精神，为积极发挥招生的导向作用，1992 年我省的高考科目组

仍按 1991 年的方案进行，但作以下补充：

1. 除 1991 年高中毕业会考政治科成绩及格而又报考第一科目组的考生外，其他要求报考的应、往届生，都必须参加 1992 年政治科的高中毕业会考，不及格者，不能报名参加高考。报考第二、三、四科目组的考生，政治科的会考成绩均以原始分计入高考总分。政治科的会考定于 1992 年 4 月 12 日上午进行。政治科会考按全国高考的管理办法和要求，全省统一命题，统一制卷，统一阅卷，由招生部门会同普教等部门组织实施。

2. 第三科目组今年没有考语文，社会反响较为强烈。为保证考生必要的语文水平，1992 年凡报考第三科目组的应、往届毕业生（1991届毕业生语文会考成绩在 65 分以上免考），必须参加高中语文会考，且成绩达到 65 分以上。语文会考时间，应届毕业生于 1992 年元月进行，1990 年以前毕业和 1991 年毕业会考语文成绩不到 65 分的往届生，于 1992 年 4 月 9 日上午，与高中毕业会考的补考同时进行。

这样做，既使高考科目设置与 1991 年保持一致，又吸收了高考科目设置改革试点中所反映的正确意见，进一步强化了会考的作用。

（二）关于高校招生录取有关政策的调整

1. 地区级三好学生、优秀学生干部的评选面由原有的 0.5% 扩大到 2%。应届高中毕业生在高中阶段被评为地区级以上三好学生或优秀学生干部，可降低 10 分投档。其比例指标由地市教委掌握，一次下达到中学。三好学生与优秀学生干部按 2:1 的比例确定。

2. 对思想品德评价为优秀等第的学生实行优惠。高中各年级思想品德评价为优秀等第的学生的比例以县为单位计算，控制在 20% 以内。1992 年的高中应届毕业生，根据评价结果，从被评为优秀等第学生中确定 50%（即占参加会考人数的 10%）特别优秀的学生，降低 5 分投档。地市级三好学生、优秀学生干部应包括在此 10% 以内。

3. 对相关科目和平时成绩特别优秀的学生实行优惠。应届高中毕业生在毕业学年思想品德评价为优秀等第，毕业会考成绩总分以地市为单位从高到低排队在前 3% 以内，且与高考相关科目的会考成绩至少有一科为 95 分以上的学生，可降低 10 分投档。毕业会考补考者不能享受此项优惠。

4. 对获得省级以上单科竞赛优胜者和科技发明创造奖的学生实行优惠。

应届高中毕业生在高中阶段连续三年思想品德评价为良好以上等第，参加全省奥林匹克中学数学、物理、化学和信息学竞赛获一等奖的学生可降低 20 分，获二等奖的可降低 15 分，获三等奖的可降低 10 分投档；获省级以上科技发明创造一等奖的学生可降低 20 分，获二等奖的学生可降低 10 分投档。

1991 年高中毕业生具有以下情况之一者，可以享受与 1992 年高中毕业生同等的优惠政策：（1）在高中三年级被评为 5‰ 以内的地、市级三好学生、优秀学生干部；（2）高中阶段平时成绩优秀（九科会考成绩平均 85 分以上），无补考科目，与高考相关科目的毕业会考成绩至少有一科在 95 分以上者；（3）高中阶段参加全省奥林匹克中学数学、物理、化学和信息学竞赛获三等奖以上者及获省级以上科技发明创造二等奖以上者。

除以上 4 条优惠政策外，往年实行的体育尖子等其他优惠政策不变。另外，根据原有规定还有一些照顾政策，如对少数民族考生、烈士子女、归侨子女、华侨子女等的照顾仍按原来的政策执行。

（三）妥善处理应、往届生录取比例失调的问题

多年来，在高考录取中，我省应届高中毕业生的录取比例逐年下降，且仍有发展的趋势。这是一种不正常的现象，对普通中学贯彻德智体全面发展的教育方针是一个很大的冲击，既不利于高校选才，也不利于试点工作的健康发展。因此，我们将采取以下措施，改变这种状况：

1. 省教委已采取有力措施，不许中学办复读班，不许中学教师到复读班兼课，对社会办的高考复习班，也要按党的教育方针加以引导。

2. 高校招生录取时，可通过调整录取分数线，使录取新生中应届生所占的比例不低于其参加考试人数在总参考人数中所占的比例。

3. 正确进行宣传，积极引导，严格控制高中的规模，积极发展职业技术教育，促进初中合理分流。

根据《关于补充和调整我省 1992 年高考科目设置和招生录取有关政策的通知》要求，即"除 1991 年高中毕业会考政治科成绩及格而又报考第一科目组的考生外，其他要求报考的应、往届生，都必须参加 1992 年政治科的高中毕业会考，不及格者，不能报名参加高考。报考第二、三、四科目组的考生，政治科的会考成绩均以原始分计入高考总分。政治科的会考定于 1992 年 4 月 12 日上午进行。政治科会考按全国高考的管理办法和要求，全省统一命题，统一制卷，统一阅卷，由招生部门会同普教等部门组织实施"，湖南省教育委员会和湖南省普通高等学校招生委员会联合下发了《关于做好今年政治科会考工作的通知》，对政治科会考的报名、考试、评卷和工作与纪律要求进行了具体明确。该通知规定："政治科会考按全国高考的管理办法和要求，全省统一命题、统一制卷、统一考试、统一评卷，由招生部门会同普教等部门组织实施。""凡准备参加 1992 年高考的考生（含1991 年高中毕业会考政治科成绩及格且今年准备报考第一科目组的考生）都必须报名，并按要求填涂《考生情况信息卡》。"

通知还规定："政治科会考试题满分为 100 分。本次会考成绩低于 60 分的考生，不能报名参加 1992 年的高考。会考成绩在 60 分（含 60 分）以上而又报考第二、三、四科目组的考生，政治科会考成绩以原始分计入高考部分。"

第四节 改革第二年（1992 年）的情况回顾

一、基本情况介绍

1992 年是本次以高考科目设置改革为核心的高考改革的关键一年，在充分总结前一年的工作经验和出现问题的基础上，通过有针对性的调整后，对于做好 1992 年的考试招生工作，湖南省教育委员会和湖南省普通高校招生委员会于 1992 年 3 月下发了《关于 1992 年普通高等学校招生工作的通知》，对做好当年的招生考试工作涉及的高考科目设置、招生来源计划管理、统考报名、填报志愿、考生政治思想品德考核、身体健康状况检查、统一考试、高考评卷、录取管理、录取有关政策、招收保送生、有实践经验学生、定向生、委培生、自费生，以及做好试验招收先进模范青年的工作等方面进行了具体布置安排。

二、湖南改进后的高考科目改革实施方案

湖南省教育委员会、湖南省普通高等学校招生委员会根据国家教委和湖南省政府对改革方案的完善要求，认真总结通过调研发现的需要完善的问题，经过反复调研与分析研判，将所有完善措施全部融入了本年度的招生工作要求之中，形成了《关于 1992 年普通高等学校招生工作的通知》。该通知于 1992 年 3 月发至各地、州、市、县（市、区）教育委员会（教育局），普通高等学校招生委员会，各招生院校。现将通知主要内容摘编如下。

（一）高考科目设置

1992 年我省的高考科目组原则上仍按 1991 年的方案执行。为发挥招生工作的导向作用，经国家教委和省政府批准，决定作某些补充。

1. 高考分为四个科目组，每组考四科，即：

第一科目组：考语文、政治、历史、外语。

第二科目组：考语文、数学、物理、外语。

第三科目组：考数学、化学、生物、外语。

第四科目组：考语文、数学、地理、外语。

各科目组经所覆盖的专业将按国家教委的规定作适当调整。各科目组覆盖专业与招生计划一并向社会公布。

2. 凡要求报名参加高考者都必须先参加 1992 年政治科的高中毕业会考（1991 年高中毕业会考政治科及格而又报考第一科目组的考生可免考），成绩及格者，才能报名参加高考。报考第二、三、四科目组的考生，政治科的会考成绩均以原始分计入高考总分。

3. 凡报考第三科目组的应、往届毕业生（1991 届毕业生语文会考成绩在 65 分以上者可免考），必须参加高中语文科会考，且成绩必须

达到 65 分以上。

（二）统一考试

1. 专业考试（口试）

音乐、美术、外语、体育专业的考生，在统考报名前必须参加专业考试（口试）。其具体办法是：

报考外省音乐、美术院校或专业（系科）的考生，其专业考试仍由招生院校负责。

报考省内音乐、美术院校或专业（系科）的考生，其专业考试，分初试和复试，初试分点进行，复试集中进行，均统一管理，统一命题，统一测试评卷，统一发放文化考试通知单。

外语专业的口试由省统一命题。初试由地、州、市、县（市、区）招生办组织实施，各地、州、市按 1991 年实际录取人数的 3 倍确定参加复试人数。复试由省招生办统一组织实施。

体育专业初试，由地、州、市、县（市、区））组织实施，各地、州、市按 1991 年实际录取人数的 3 倍确定参加专业复试的人数。复试由省招生办统一组织，集中进行。

凡报考外语、体育、音乐、美术专业的考生，必须初试合格后，方能参加复试。

2. 政治科会考

政治科会考，由省招生办会同普教部门负责统一命题，由各级招生部门按照全国高考的管理办法和要求，统一制卷，统一实施考试，统一组织评卷。

政治科会考报名时间为 1992 年 3 月 1 日至 10 日。

政治科会考考点的设置与高考相同。考试时间定于 4 月 12 日。

3. 文化考试

（1）统考于 7 月 8 日、9 日进行。

（2）九科全部实行标准化分卷考试。各科满分为 150 分。第一科目组的总分为 600 分；第二、三、四科目组的总分为 700 分，即四科统考的 600 分加上政治科会考的 100 分。

（3）分科目组随机编排考生准考证号。报考音乐、美术、体育、飞行学员的考生，报考招收有实践经验专业的考生，报考招收先进模范青年院校的考生，分别参加相应科目组的考试，按地、州、市或县（市、区）单独编排考室。

（4）报考建筑学、城市规划（含城镇建设管理）、风景园林（含园林绿化）、室内装饰及机械工艺造型专业，高考部分达到最低控制分数线的考生，要加试"徒手画"。加试的时间定于8月初。

（三）录取管理

1. 录取是招生工作的重要环节，必须贯彻德、智、体全面考核，根据志愿顺序，从高分到低分，择优录取的原则。必须加强对录取工作的管理，建立健全有效的规章制度，净化、优化录取环境。

2. 为使录取新生中应届生所占的比例不低于其参加考试人数在总参考人数中所占的比例，在确定各科目组最低录取控制分数线时，应、往届生可能有所区别。

3. 以全国统考总分为依据，按照招生计划，分科目组确定各层（批）次的最低录取控制分数线。

音乐、美术、外语、体育专业以文化统考成绩和专业考试（口试）成绩以及面向招生计划为依据确定最低录取控制分数线。

军事院校依据军事院校招生计划、军事院校志愿、军检等情况，单独确定各科目组、各层次的军事院校录取最低控制分数线。

最低录取分数线一经确定，不得随意改动。

4. 高等学校录取新生时，对考生文化成绩的考核，原则上以高考成绩决定取舍。当考生德、体方面的情况以及高考成绩基本相同时，可参照普通高中会考成绩决定取舍。高等学校的系科、专业应按国家教委编定并向社会公布的所在科目组进行录取，科目组之间不进行分数值换算，不兼录。

5. 录取工作分批进行。分别为提前、重点本科、一般本料、专科、中专、自费等批。委培、定向招生的录取，在招生学校录完国家统招任务后同批进行。

6. 录取工作实行电子计算机全方位管理。各个层次全部运用电子计算机调配档案。

7. 录取期间对录取场地实行全封闭管理。各个层次的录取均由省招生办公室统一组织，统一管理，统一审批。

三、加大对完善后的高考科目设置方案的宣传工作

（一）概况

1992 年是本轮高考改革也即"三南改革"的第二年，更是改革的关键之年。该年度的招生考试政策补充和调整力度比较大，湖南省普通高校招生委员会办公室为使调整后的招生考试政策准确顺利落实，制订了详细的宣传方案，下发了《关于加强普通高校招生宣传工作的意见》，制定了《高中毕业会考和高考招生改革宣传提要》，全面系统地对高考改革的相关政策进行了宣传。这些宣传工作很大程度上加深了考生、家长和社会对高考政策的认识和了解，特别是为考生和家长解除了应考和志愿填报过程中的疑惑，收到了较好的宣传效果。

（二）《关于加强普通高校招生宣传工作的意见》

该意见由湖南省普通高校招生委员会办公室于 1992 年 3 月发出，发至各地、州、市、县（市、区）招生办，各有关学校。意见指出："招生宣传工作是整个招生工作的重要组成部分。招生工作的顺利开展要靠宣传开路。有针对性的、及时的、强大而正确的舆论导向，就能清除阻力和障碍，保证工作步步畅通。"为此，意见提出当年招生宣传的十个重点工作：

1. 宣传今年继续实行高考科目设置改革试点，并对高考科目设置作某些补充的原因、目的和意义。今年高考科目仍设四组，统考考四科，但在统考前，全体考生必须参加统一的政治科高中毕业会考，及格者才能报名参加高考，且规定第二、三、四组考生的政治科会考成绩计入高考总分。同时还规定报考第三组的考生，语文会考成绩必须在 65 分以上。采取以上措施，目的是促使中学和学生重视政治课和时事政策的教学与学习，重视语文的教学与学习，全面贯彻党的教育方针，将德育放在首位，促使考生德智体全面发展。同时，也是为了提高高校新生质量，保证高校教学所需要的起码的政治理论和语文水平。

2. 宣传德智体全面考核、择优录取的原则，讲清高校有在上线考生中根据德智体全面考核的情况择优录取新生的权力，以逐步克服过去录取中存在的分数作用过大、德育缺乏标准难于体现的弊病，消除以往那种高一分落选就不合理的片面看法，真正做到注重高考分数但又不唯分数论。

3. 宣传今年调整四项录取政策的目的与意义。今年对应届生新实行的四项倾斜政策，核心是突出了德育的地位和作用，德育由软变硬。这样做，既有利于中学全面贯彻党的教育方针，育好才；又有利于高校选拔新生，选好才。

4. 宣传妥善处理应、往届生录取比例失调问题的意义。通过宣传，使人们认识到，多年来，在高考录取中，我省应届高中毕业生的录取比例逐年下降，且仍有发展的趋势，这是一种不正常的现象。对普通中学贯彻德智体全面发展的教育方针是一个很大的冲击，既不利于高校选才，也不利于高考科目设置改革试点工作的健康发展。因此，必须采取坚决制止重复教育、提高应届生的录取比例等措施，改变这种严重状况。

5. 宣传普通高校首次招收先进模范青年的目的、意义，讲清楚严格资格审查、确保选送质量的要求和办法。

6. 宣传改进军事院校、艺术院校招生的具体措施，宣传军事院校、飞行学员等只招收应届高中毕业生的具体规定。

7. 宣传农业、师范院校只录取有志愿考生的目的。教育考生树立面向农村、面向基层的思想。

8. 宣传部分院校继续试招有实践经验的学生，加强资格审查，严格招生政策的意义和做法。

9. 宣传加强招生管理的目的、意义、办法。如宣传继续完善"三公开一监督"制度，宣传录取场地实行全封闭管理的办法，宣传电子计算机全方位管理招生工作的作用与做法；宣传招生法规、纪律、教育有关人员遵纪守法，与错误现象作斗争。

10. 宣传加强招生队伍自身廉政建设和业务建设的重要性和做法。

（三）高中毕业会考和高考招生改革宣传提要

为进一步帮助党政领导和教育行政部门向社会各界和广大群众做好宣

传解释工作，并保证达到应有的宣传效果，湖南省教育委员会办公室专门制定了《高中毕业会考和高考招生改革宣传提要》供大家在宣传工作过程中参考使用。宣传提要采用问答方式，紧贴群众关心的热点、难点问题，进行了通俗易懂的解释，收到了非常好的宣传效果。

《高中毕业会考和高考招生改革宣传提要》于1992年3月发布。该提要内容包括：（1）完善"两考"改革的主要内容；（2）为什么要实行"两考"改革；（3）需向群众宣传解释的几个问题。

第五节　改革第二年方案实施结果概览

根据改进后的考试招生政策，1992年湖南省严格按照新政策的要求，认真组织实施了第二年也是最后和最重要的一年的改革试点工作。

1992年，全省共有194599名考生报名参加高考，其中男生134217名，女生60382名；有共产党员63名，共青团员181789名；考生中有应届毕业生99383名，往届毕业生93748名，工人154名，干部10名，转业和退伍军人6名，其他1298名；少数民族青年报名参加高考的人数有19540名。这些高考报名考生中，实际参加高考的人数为189438人，分别为第一科目组55878人，第二科目组54747人，第三科目组43856人，第四科目组34957人。

1992年高考人数骤然增多，其原因主要包括以下几个方面。

首先是自然人口多。湖南省是一个人口大省。据1990年全国第四次人口普查统计，当时的湖南总人口已达到6110.89万，居全国第六位，而全省参加高考的人数每年都排在前四名以内。1992年报考总人数为194599人，平均每314人中就有一人报名参加高考。

其次是就业渠道狭窄。湖南省是一个农业大省，由于受经济发展水平的限制，农村劳动力严重过剩，而城镇的经济建设现状对于劳动力的需求又不足，因此，社会劳动就业的渠道很窄。对于广大的高中毕业生来说，升大学便成了一条就业的必由之路。特别是广大农村青年，他们接触了现代生活方式，不再满足于"面朝黄土背朝天"的农村生活，因而不惜一切代价,选择升大学这一途径以求"跳农门",年复一年,苦苦追求。全省往届毕业生参加高考的人数年年提高,这大概是根本的原因。1992 年,往届生的报考人数比例达到了 36.77%。当然,随着社会主义市场经济体系的逐步建立和完善,千军万马争过高考"独木桥"的情形可望得到缓和,这是当时形势发展的大趋向。

再次是职业中学的教育发展不快。尽管湖南省那几年采取了有效的措施发展职业技术教育,成绩也很显著,但是,由于职业高中(中专)的作用没有得到充分的发挥,没有从根本上解决初中毕业分流的问题,因而高中办学的压力有增无减。这样,考生数年年上升也就不足为奇了。

最后,考生报考高等学校人数增加还与传统的价值观念和从众心理的影响有关。"万般皆下品,唯有读书高"这一观念长期在人们心目中占据重要的位置。家长急切的"望子成龙"心理,社会环境对考生升学的影响,更加激发了考生为升学而发愤读书的热情,从而也加剧了考生争相报考的现象。如此等等,这里就不一一列举和分析了。

第六节 "三南改革"实践的回顾与总结

两年的改革实践,充分显示了四个科目组的设立在增加中学教育的多样性、增加学生选择性和减轻学生的高考应考负担等方面起到的积极作用;同时,也推动了普通高中会考制度的不断完善,并较好地发挥了普通高中会考制度在提高普通高中教学质量上所起的积极作用。试点的收获主要体现在以下三个方面。

一、充分肯定会考制度的必要性,但需要不断完善

经过实践检验,大家认为,会考对学校全面贯彻党的教育方针、坚持正确的办学方向、使学生得到全面发展、使学校教育面向全体学生起了促进作用。实行普通高中毕业会考制度是普通中学考试制度的一项改革完善,是中学教学质量评估的一种手段,是普通中学教学改革的一个环节。会考是国家承认的省级普通高中文化水平考试,它与高等学校招生选拔考试是

两种不同性质的考试。会考的目的是全面贯彻党的教育方针，促进学生德、智、体、美、劳全面协调发展，克服偏科现象，发展学生爱好特长，加强教学管理，推动教学改革，提高教学质量。经过两年的实践，一线的同志们认为会考的功能应该与其性质目的相适应，会考本身的功能是衡量学生的文化课学习是否达到高中毕业的合格水平，不要把会考的成绩与升学直接挂钩，否则反而会加重师生的负担。但会考的功能也不能过于简单化和淡化，避免走过场，会考应该树立一定的权威性，必须取得社会的承认和信任，能有效地起到衡量高中阶段教学质量、考核高中毕业生文化课学习是否合格的导向作用。两年的实践也表明，会考工作中除了考试组织需要更加规范化以外，命题标准的把握是关键。一定要仔细调研，严格掌握试卷的难度和合格标准。

二、科目设置改革具体实施过程中仍存在难以克服的矛盾

本次高考科目设置改革是在普通高中毕业会考改革的基础上进行的，是二类考试的统一行动，目的在于将水平考试和选拔考试分开，使二者能各司其职，达到既有利于中学教学，克服因文理分科偏科导致的中学生知识结构不完整现象，同时又有利于普通高等学校按专业要求选拔新生，改革现行高考中考试科目偏多，有些科目与学生入学后所学专业关系不大，而在决定考生能否入学时却起到了举足轻重作用的弊端。经过两年的实践证明，学生的考试科目减少了，确实在一定程度上减轻了学生应考的负担，但因为会考本身还存在信度和效度不够的问题，高考统考科目的急剧减少，降低了高考本身整体的选拔效度。虽然注重了性向选择，但根据当时的现实情况，一定程度上超出了社会的承受能力。仅解决了注重性向的一方面的问题，而方案另一方面也产生了忽视基础的负面作用，这样一来，就容易造成学生新的偏科。特别是有些组别中不考政治，或者不考数学、语文等主要学科，导致学生整体知识结构不完整等问题。不仅如此，招生过程中，是依据各科目组安排招生计划，并依科目组计划划定录取控制分数线录取的，在实施过程中出现了不同科目组录取比率不均衡的情况，同时，也出现了部分科目组重点学校录取分数线和一般学校录取分数线之间距离太近的情况。不仅如此，将应届生和往届生分开划线后，出现了一些往届

生的分数线过高的情况,有些科目组往届生的一般本科线与应届生的重点线甚至出现持平的情况,由此产生了许多关于高考有失公平的议论。基于这些原因,在 1992 年高考结束之后,国家教育委员会招生主管部门对此进行总结完善,并在不断总结探索中形成了后来的"三加二"和接下来的"三加 X"等高考科目设置方案。

三、为推进高考改革提供了鲜活的样本

湖南省的实践经验表明,"三南改革"作为恢复高考以来的一次最大的改革项目,经过两年的艰难实践,积累了难能可贵的经验。作为当事人,感受非常多。时任湖南省招生办公室主任的刘鼎根同志在第二年的招生工作总结会上不无感慨地说:"往事可堪回首,历史耐人寻味,我们每走过一步都应回头一顾,应当总结经验。去年,是我省招考工作不平凡的一年。由于高考科目设置改革及其招生录取政策的调整,有些方面因为人们的认识不一致,社会难以理解,高校难以接受。面对错综复杂的矛盾和问题,我们从统一思想认识着手,采取有效的宣传措施和组织措施,统一了对试验中出现问题的看法。同时,我们以实事求是的态度,努力克服自身的困难,顾全大局,真抓实干,依靠各级招生部门、中学和高等院校的共同努力,科学地解决了高考科目改革中的问题,落实了各项招生政策,一举解决了多年来我们想解决而又没有解决好的'老大难'问题。即使在录取前夕,我们遇到了增加招生计划 6000 人的新情况,从补填志愿到录取,紧张而又有秩序,丝毫没有影响录取工作进程,得到了社会的一致好评。去年我省录取新生 39000 余人,录取率第一次超过 20%,录取人数是恢复高考以来最多的一年。尤其是我们总结两年高考改革试点的经验,向国家教委提出了完善高考科目设置建议,受到了国家教委的高度评价,促成了'2×5'新高考方案的出台。对此结果我们感到欣慰,可以为此自豪。"这是对这两年试验的生动形象的描述和一位改革实践者的感叹。同时,也充分地说明,在我们这样一个人口众多,又有着悠久考试传统的大国要进行考试招生制度改革,注定是一条不可一蹴而就的曲折之路。1993 年在原"4×4"改革基础上实行"2×5"方案,这是在前两年试点基础上的改进方案。高考考 5 科,在考查知识的基础上,注重考查能力;在择优的前提下,调整

试题的难易度。这些相对于"4×4"方案来说又完善了一步。同时,湖南省为进一步巩固试点成果,仍然在新的方案下进行相关试点。在 1993 年的招生工作会议上,刘鼎根主任指出:"首先,要通过继续试点,探索高校如何选设科目组、专业怎样覆盖、政策如何配套又如何形成有效的管理,从而有利于中学全面贯彻党的教育方针,促进学生的全面发展,有利于高校选拔新生,有利于招生工作新的管理体制的建立。其次,要通过继续试点,促进会考的性质、标准、功能、管理新秩序尽快地建立起来,充分发挥会考的功能作用。只有这样,高考科目设置的改革才能顺利进行。再次,要通过继续试点,促进高校招生计划体制、选拔办法和管理体制的逐步形成。所以,我们说,今年'2×5'高考新方案的试点,具有重大的现实意义和长远的历史意义。并不是有的同志认为的那样,任你怎么高考,反正只有那么多的学生上大学。我们应该立足当前的改革试点,着眼长远。随着高校招生计划体制、选拔办法和管理体制的逐步改革,高校招生的全国统一考试将设置高中所有的文化课程,高等学校根据各自专业要求选择若干门作为考试科目,考生根据所报学校及其专业的要求,参加有关科目的考试。随着改革的不断深入,高考科目的设置将逐步向这个长远的方向发展。"

这是改革者的思考,也是深谙教育考试业务的专家深刻的预见,很多方面预示了后来改革的路线,这既是对当年改革者的充分肯定,又是对今天正走在改革路上的改革者的鞭策。

第四章
高考平行志愿改革实践专题

高考志愿填报是普通高校招生工作中的一个重要环节，它将完成考生在取得考试成绩后，到进入不同的高校学习的一个区分、配置的过程。这一过程关乎每一个考生能否被录取和录取到什么学校的问题。因此，高考的志愿填报工作备受每年高考考生和家长的关注。

第一节　高考志愿填报简介

2003 年以前，湖南省也和其他省一样，高考的志愿结构使用的是顺序志愿，也就是一个学生一次可以填报多个志愿，但志愿是有先后顺序的，第一志愿只能填一所学校，第二志愿和第三志愿也都只能填报一所学校。投档也是按顺序进行，先投第一志愿学校档案，待第一志愿投档完毕并完成录取后，才开始投第二志愿考生的档案，依此类推。录取是分阶段进行的，先是第一志愿阶段，所有填了第一志愿学校的考生根据学校计划从高分到低分排队，按不高于1∶1.2的比例投档，学校再在此范围内确定录取名单。这样的投档结果，总会有志愿不平衡的情况，有些学校比较热门，第一志愿报该校的人数多，录取分数线就会较高；还有一些学校则因报考的人数少而成为冷门学校，则录取分数线就会较低，甚至缺档。这些第一志愿人数不足以完成学校招生计划的学校，则会将剩余计划在第二志愿的考生志愿投档中继续完成录取工作，如果第二志愿投档完毕后，还不能完成招生计划，则可在第三志愿或服从学校调剂志愿中进行投档录取。这种模式下，志愿填报是决定学生能否录取到自己满意学校的一个非常关键的环节。投档方式采用的是在控制分数线内志愿优先的原则，即先考虑志愿，再在报了志愿的考生中按分数从高到低排队录取。在这种模式下，填报志愿是件非常重要的工作，常常有一些考生因为志愿填报得好，哪怕分数比其他考生要低，但也录取到了比较理想的学校，当然，也必然会有一些考生因为志愿扎堆，所填报的学校考生志愿太多而导致落选的情况。为了克服这种高分低录或高分落选的不足，湖南省从 2003 年开始，尝试采用并列志愿（也就是后来所称的平行志愿）方式实现降低考生填报志愿风险的试点。并列志愿基于分数优先的原则，采用多个志愿一次性投档的办法，保证了分数和录取学校实现有效的匹配。后来经过不断完善，在全国范围得到广泛使用，取得较好的社会效益，受到考生和家长的广泛认可。

第二节　平行志愿的产生背景

自 1977 年恢复高考以来，高考志愿一直沿用第一、第二、第三志愿和服从调剂志愿的顺序志愿结构模式。虽然其间志愿的数量有所调整，但基本模式一直没有改变。并且经过多年的实践，已被社会广泛接受，即使出现因为志愿填报不合适而落选的情况，考生和家长也总是把原因推给了自己的运气等非客观的因素。在考生规模和招生计划规模不是特别大的情况下，极端情况的数量还不是特别显著，但随着考生规模的不断扩大，招生学校和招生计划的不断增加，这种以志愿优先为特征的志愿填报模式，容易产生高分落选、高分低录、低分高录，和有些学校志愿扎堆，而另外一些学校因为无人报考（不敢报或者报的志愿位次不对而投不出）而产生缺档的情况。在执行顺序志愿的模式下，几乎每一年都会出现几所冷门学校，特别是一些一流的学校因为信息不对称导致学生不敢报考，从而出现学校无人报考或报考人数远低于投档计划的情况，这即是所谓的"冷门学校"。这样的志愿模式之下，客观上就存在一些考生基于冒险或偶然因素直报了某些冷门学校，虽然分数在全体考生中并不占优势，却被录取的情况。如果在信息完全对称的情况下，这些考生是录取不了某些高校的，但因为冷门学校机制的存在，使这些考生实现了"低分高录"。只要存在信息不对称的情况，就总会有一些碰运气的考生获得"低分高录"的机会。这种情况下，一些社会不法分子，钻营志愿填报过程的技巧，扮演了所谓的志愿填报专家，把志愿填报技艺演绎得讳莫如深，使考生和家长对志愿填报产生了紧张和恐慌情绪。这种情况的反复出现，引起广大考生和家长的担心，同时，也促使考试招生工作者思考解决这个问题的办法。解决这个问题的根本目标就是实现考生填报志愿更加均衡，同时，让学生的考试分数与录取的学校能够更加匹配，从而降低考生填报志愿的风险。讨论这个问题的核心环节就是解决高分考生的落选问题，更进一步的目标就是希望每个学生的分数能与其录取的学校匹配。怎么才能实现这一目标呢？问题的焦点就集中在分数上，从而提出了分数优先的理念。实现这一理念的办法就是在投档过程中让高分的考生由一个志愿变成多个志愿，即在投档过程中当一个考生的第一志愿因为分数相对较低而使档案无法投出的时候，则可以优先看该考生的第二志愿，而不是要等到第一志愿结束之后才来看第二志愿，从而为分数相对较高的考生赢得了优先投档的机会，体现了分数优先的原则。于是，平行志愿应运而生。

第三节　平行志愿的试验与推行

我们的很多改革实践，常常是实践先行，通过实践活动，先行先试，获得了预期的效果，被业内和社会广泛接受，则会为改革的推进提供重要的事实支撑，从而获得社会共识，为进一步推进改革和扩大改革范围提供社会基础。这些改革项目常常也是基于问题而提出来的。在1977年恢复高考制度以后，以为只要把"文化大革命"前的办法恢复起来，就大功告成了，然而事实却与这种认知产生了很大矛盾。首先，"文化大革命"前也有受"左"的影响的一些不恰当的做法，应当纠正；其次，恢复"文化大革命"前做法的同时，也恢复了之前长期存在的一些矛盾，最突出的就是"片面追求升学率"。[1] 在恢复高考的前一段时间，人们关注的焦点还只是放

---

① 杨学为. 中国考试改革研究 [M]. 北京：北京大学出版社，2001.

在恢复考试本身，把注意力主要集中在考试科目、考试内容、考试形式、考试组织、考风考纪、招生计划、计划形式、收费标准等方面，对于招生录取机制缺乏系统的理论研究。但这种招生录取机制本身在配置学生志愿和高校录取方面存在问题，在考生规模和招生规模不断扩大的情况下，"高分落选""高分低录"等问题由不断出现发展到连续出现，情况愈发严重，考生和家长的忧虑情绪显著增强。每年到志愿填报的时候，尽管考试招生部门为此编印了相关的辅导资料和举办相关的咨询活动，仍不能实现考生填报志愿的最佳结果，导致考生和家长在高考过程中多了一道"必答题"，并且是一道难以回答的题，这道题就是如何正确地填报好高考志愿。所以有"答卷考学生、志愿考家长""考得好不如志愿填得好"的说法。根据聂海涛等专家的分析，在原有的志愿机制下，学生即使再努力也无法实现志愿填报的完全准确。湖南省的考试招生工作者很早就关注了这方面的问题，并于1999年开始探索在军事院校录取工作中实现平行志愿的改革。当时军事院校录取全部安排在提前批，招生学校的条件要求非常严格，在其他条件都合格的前提下，以分数作为录取依据。1999年和2000年的改革试点，取得了较以往志愿形式更好的录取效果。从2001年开始，在本科批的第二志愿中设置两个平行志愿试点，2002年湖南省普通高考考生填报军事院校，本科二、三批和专科批志愿均设置三个并列第一志愿。从实际录取投档的情况看，效果相当好。在前面多年试点的基础上，从2002年12月开始，湖南省教育考试院起草了招生考试工作的有关政策和办法，先后6次召集有关市州招生办、高校等单位召开专门会议，研讨2003年的招生政策和录取办法，并反复征求意见，对平行志愿的推行在系统内和相关学校达成了广泛共识。2003年，经湖南省招生委员会同意，正式在第一志愿中试行平行志愿。当年的具体志愿方案包括高考志愿分为提前录取批、本科一批（重点本科院校，参加该批录取的一般本科院校，一般本科院校的体育专业和在湘一般本科院校的音乐、美术类专业）、本科二批（参加该批录取的一般本科院校，民办本科院校和专本沟通班的音乐、美术、体育类专业）、本科三批（民办本科院校，专本沟通班，体育专科专业和在湘院校音乐、美术类专科专业）、高职专科批（含电大普通班）、定向、民族预科班（简称"预科"）等栏目。"提前录取"志愿栏中，军事院校分为指挥类和非指挥类，设 3 个本科并列志愿、1 个本科服从志愿、1 个专科志愿、1 个专科服从志愿；地方院校设 3 个本科直接志愿（1 个一志愿，2 个并列二志愿）、1 个本科服从志愿、1 个专科志愿、1 个专科服从志愿；"本科一批"志愿栏设 3 个并列第一志愿；"本科二批""本科三批"和"高职专科批"志愿栏各设 5 个并列第一志愿；"定向"和"预科"各设 1 个直接志愿栏。录取期间向考生征求志愿时，每批次设 3 个并列志愿和一个服从志愿栏。从此，湖南省正式进入平行志愿（当时称并列志愿）时代。平行志愿的推出，在当时社会上并未被大家广泛接受，特别是个别高校因为试行结果可能会对其录取不利，或者会影响其生源质量，所以对平行志愿持有不赞成甚至反对的态度。

第四节 平行志愿宣传工作

为使平行志愿能够在湖南顺利推进，在正式开始录取工作之前，湖南省教育考试院开展了积极的宣传推介工作，将一些对平行志愿不太理解的外省高校，列为这次宣传推介的重点。2003 年高考录取前夕，由副省长许云昭带队前往南京和上海进行宣传，分别召开宣讲会和座谈会，介绍湖南试行平行志愿的经验和做法，同时，了解听取各学校对湖南省招生政策，特别是对平行志愿改革的疑да和看法。参加座谈会的南京大学等高校表示理解和欢迎，但也有江苏省的个别高校表示不能接受，因为平行志愿的做法只有利于一流的高校，对于二流高校而言，会导致无法招收到高分数的考生。与此同时，高校录取新生的高考成绩会呈现扁平化趋向，也不利于学校学生正常学习生态的形成，从而对高等教育长远发展不利。会上，大家热烈讨论了高校录取的公平与效率问题，强调在当前形势下，必须强调公平优先。而确保公平的前提是强调分数的绝对性标准，即保证分数与录取学校的匹配。最后，大家对湖南的改革实践都保持积极的态度，希望湖南省能做细相关工作，确保此项改革能有效促进志愿均衡，保证各校招生质量和如期完成招生计划。此次宣传工作取得了预期的效果，为接下来的录取工作打下了较好的高校端基础。当时，湖南省已全部实施网上录取，录取期间学校均在网上完成相关的录取工作任务，没有人员在录取现场，信息沟通全部在网上进行。当年尽管是头一年大面积试行平行志愿，但录取期间秩序井然，缺档和冷门学校明显减少。

宣传工作在面向在湘招生高校推介的同时，重点加强了对本省考生、家长和社会的广泛宣传，使大家清楚明了平行志愿在保证分数公平方面的作用，让考生和家长理解平行志愿的投档规则，掌握平行志愿的填报要求和操作方法，从而降低自己填报志愿的风险。为此，湖南省专门编印了《湖南省 2003 年普通高校招生工作宣传提纲》以确保宣传的权威、准确。该宣传提纲的内容主要包括如下 28 个方面。

（1）我省今年高考科目如何设置？

（2）我省今年的高考报名在什么时候进行？

（3）我省今年高考各项专业考试的时间怎样安排？

（4）今年我省高考专业考试在考试管理和考风考纪建设方面有哪些措施？

（5）今年我省体育竞赛优胜者统一测试的工作如何安排？

（6）今年我省普通高考时间怎样安排？

（7）今年我省普通高考在考试管理和严肃考风考纪方面有哪些措施？

（8）今年我省高考志愿的结构如何设置？

（9）今年考生填报高考志愿的时间怎样安排？

（10）我省今年的高考体检工作如何安排的？

（11）今年我省考生高考纸介质档案如何管理？

（12）今年我省文体特长生的招生有哪些规定？

（13）今年我省高招保送生招生有哪些规定？

（14）今年我省高考单独招生有什么规定？

（15）今年我省军事院校招生和地方院校招收国防生的办法规定有哪些？

（16）今年 22 所高校自主招生有什么规定？

（17）我省今年的民族预科班招生如何操作？

（18）今年省内本科民办二级学院的招生有什么规定？

（19）今年我省电大普通专科班招生将有什么规定？

（20）我省今年艺术类院校和专业将如何招生？

（21）今年我省外语类专业口试将如何安排？

（22）今年我省招生录取将采取什么办法？

（23）考生报名、优惠、体检、志愿信息是如何确认的？

（24）我省今年的报名人数及计划情况如何？

（25）我省今年高考是否举办志愿咨询活动？

（26）我省今年职高对口招生有什么样的规定？

（27）今年了解招生录取信息有哪些渠道？

（28）今年我省招生录取优惠政策和照顾政策有哪些？

第五节　平行志愿的初试结果

经过充分调研和试点形成的平行志愿试行方案，在 2003 年的普通高校招生录取中顺利实施，并取得了预期的效果。当年平行志愿是一批三个志愿，投档程序如下：

首先必须明确，平行志愿的前提"分数优先，志愿顺序"。实际操作时，第一步，对所有考生按总分从高到低排序，每一个考生都有一个唯一的位置，如果遇到总分相同时，再按语、数、外的得分高低从高到低排序。就是先看语文分数，语文分高的排前面，如果语文分数相同，再看数学分数，分数高的排前面，如果分数相同，再看外语分数，以此类推。按照这个规则，每个学生都会找到属于自己的唯一位置。第二步，按总分从高往低一分一分检索。当检索到某一个考生的时候，先看考生填在第一个位置的院校志愿，如果第一个位置的院校志愿被比他分高的考生先投档，完成了学校的招生计划，则看排在第二个位置的志愿，如果出现上述情况，则继续看第三个位置的院校志愿。三个志愿如果都被比自己分数高的考生投满了，则此次平行志愿投档没有投出，只能等下一步的征求志愿了。

当年湖南省教育考试院的工作总结指出："为了考生的利益，又为高校选才服务，今年我们对招生考试的管理办法作了适当调整，加以完善和改进。如在考生填报志愿方面，长期以来，志愿不平衡的问题、填报志愿的风险等问题一直困扰着我们，为了改变这种状况，今年我们在广泛调查研究、认真分析比较之后作出了较大的调整，以增加考生投档的机会，降低填报志愿的风险，保护高分考生，促使院校之间志愿的相对平衡。今年我省本科一批应投档21106人，第一次出档就有20405人，缺档率仅为3.3%；本科二批应投档37409人，第一次出档就达34731人，缺档率仅为7%。在志愿投向方面，去年本科批第一志愿投档后缺档院校达117所，其中包括不少名牌院校，而今年缺档院校减少到37所，而且主要是农林院校和地处边陲的院校。此外，在文体考生特征变化、志愿指导、信息发布、档案管理等方面亦出台了一些新的办法和措施，使之更加科学合理。"第一次试点取得的成绩，充分说明平行志愿在分数优先的情况下，在实现分数与院校的均衡匹配中发挥了重要作用。但结果也说明，当年的做法还只是部分地解决了上线考生与学校的有限匹配的问题，因为还有"冷门学校"的存在。按照博弈论的观点，因为双方还没有实现真正意义上的信息全透明和观点的充分表达，具体到当年的情况而言，当时在重点院校批还只允许填报三所平行志愿，没有把平行志愿机制的效率发展到最大。

聂海峰的研究表明："当存在志愿数目限制时，量的限制会引起质的变化，考生的策略将依赖他对其他考生的偏好的信念。如果存在志愿数目限制使得考生不能充分显示偏好，均衡中会出现考生落榜和学校招生空余名额浪费并存的现象。""这种现象可以通过两种方式来解决，一种方式是增加考生志愿中可以增报的学校的数目，另一种方式是通过对落榜考生重新填报志愿再录取来解决。"。事实上，经过多年的平行志愿实践，平行志愿的个数从3个增加到5个，再增加到10个，特别是在采用10个平行志愿的情况下，几乎再也没有出现过"冷门学校""高分落选"等情况。平行志愿个数的增多增加了考生与院校的匹配效益。但不可否认，超过一定平行志愿数目后，增加志愿个数所带来的边际效益也会降低。

第六节　平行志愿的理论研究

湖南省 2003 年率先实行平行志愿的试点后，在解决困扰招生系统多年的"志愿填报风险"问题上取得了非常突出的成效。这一成效受到兄弟省市的关注，并不断有省份加入试行的行列。江苏省于 2005 年、浙江省于 2007 年开始采用"平行志愿"机制来进行志愿填报，均收到了很好的效果。与此同时，也引起了理论研究界的关注。在理论研究方面，中国高考录取机制的研究文献始于钟笑寒等人的研究（2004 年），他们研究了"志愿优先"录取机制下的志愿填报博弈。聂海峰（2006 年）分析了"志愿优先"机制下考生"高分低录"现象，并进一步研究了"志愿优先"录取机制，提出了择校机制文献中的盖尔－夏普里（Gale-Shapley）机制可以应用在高考录取中。盖尔－夏普里机制最早由盖尔和夏普里（Gale and Shapley，1962）研究，之后在劳动力市场和择校机制中得到广泛研究和应用。研究认为，如果考生志愿里可以填写任意数目的学校，平行志愿录取机制就是一种文献中广为研究的系列独裁机制，考生真实偏好是他的优势策略（Dominant Strategy），录取结果是帕累托最优的。这种研究在很大程度上为平行志愿的发展提供了目标。

基于"平行志愿"给录取工作带来的积极影响，试行省份的经验得到了社会和高校的普遍认可，同时，也得到了教育部的肯定。2008 年在《教育部关于普通高中新课程省份深化高校招生考试改革的指导意见》中，教育部向全国推广平行志愿。之后，原来没有采用"平行志愿"的省份都陆续开始采用"平行志愿"的录取机制。在这个过程中，对于平行志愿的数量问题各省的做法不一，从 3 个到 10 个不等，特别是一些实施新高考方案的省份，有的将平行志愿的数量扩大至 80 个以上。

随着平行志愿在全国推广和对平行志愿研究的不断深入，基于分数面前人人平等理念设置的考生志愿与高校招生计划相互匹配的最好方式，在平行志愿机制下，是可以得到实现的。特别是在新高考背景下，学校招生由以往以校为单元变成了以学校科目组为单元，平行志愿为更好地保证考生偏好与学校招生实现更合适的匹配提供了机会。

第七节　新高考背景下平行志愿发展展望

平行志愿的理论是一种资源配置的市场机制理念在招生录取工作中的有效应用。它是一种非常有效的工具，需要在更宽的范围内加以应用与研究。

第一，新高考改革需要平行志愿的参与。新高考改革后，根据国务院 2014 年《关于深化考试招生制度改革的实施意见》，新高考方案采用"两依据一参考"作为高校新生录取的依据。"两依据"即全国高考统考成绩和高中学业水平等级性考试成绩，"一参考"则是指学生的综合素质评价。作为招生主体的高等学校，一改以前一校一个招生单元的做法，将一校一个招生单元分成若干个招生单元即招生专业组，每个科目组有自己的招生科目要求。这为考生与专业之间在录取时实现更好的匹配提供了可能。按照博弈论的观点，要实现完全意义上的最佳匹配，则是要在学生和专业之间建立起直达的录取机制，如果有充分的平行志愿支撑，这个目标不难实现。但在面对不同招生专业特殊要求的专业招生方面，平行志愿的落实机制需要进一步进行细化的研究，怎样将盖尔－夏普里机制有效地运用到招生录取的所有专业类招生方面，还需要探索方法，达成共识，完善制度。

第二，教育评价改革背景下平行志愿思想有用武之地。2020 年 10 月，中共中央、国务院发布《深化新时代教育评价改革总体方案》，正式提出了要改进结果评价，强化过程评价，探索增值评价，健全综合评价。教育评价制度的改革将深刻影响我国的教育体系生态，给招生录取机制也会带来深刻的变革。在新的教育评价理念下，传统的基于结果的分数的录取机制需要不断完善，从而增强评价在选拔中的效能。这无疑较简单以分数作为录取唯一依据的方式要更加科学和更加合理。从这一角度出发，能够打破传统的束缚，明确高校人才选拔的要求，并将这些要求进行具体描述，从而提供可以执行的评价录取方案。在这一过程中，平行志愿思想完全可以应用于录取依据与录取结果的双方博弈中，在信息充分对称的情况下，实现双方配置结果的最佳。

　　第三，加强考试招生机制的科学研究工作。"平行志愿"是在实践经验基础上总结提出，并在科学研究支持下得到不断推广的。事实证明，任何一项创新的工作都需要实践与理论研究的密切合作。考试招生机制的科学研究工作更是需要实践与理论的共同推动。考试招生机制研究工作既是一项教育工作，也是一项实现社会资源有效匹配的社会经济工作，可以引入经济学和数学工具来为考试招生机制建设提供技术性支持。比如博弈论的相关模型为促进考试招生过程中实现学生与高校的最佳匹配提供可操作的方案，就是一件很有意义的事情。

　　考试招生改革工作发展到今天，许多传统考试招生工作中存在的问题都逐渐暴露出来。作为当代的考试招生工作者和热爱考试招生工作的理论研究者，理当秉持问题导向，充分总结过去几十年来的考试招生工作经验和一千多年的科举考试经验，利用新的科学技术方法，不断总结探索考试招生工作中的规律性的东西，真正实现考试招生工作的教育职能，更好地为贯彻党的教育方针，更好地为人才选拔和引领基础教育健康发展发挥自己应有的作用。

第五章
立德树人与教育评价实践专题

考试招生工作是教育工作的重要组成部分，其宗旨亦在落实党的教育方针，实现立德树人，五育并举，培养中国特色社会主义建设者和接班人。立德树人是教育的关键，是教育方针的灵魂。教育评价是实现党的教育方针的重要抓手。2020 年，中共中央、国务院发布《深化新时代教育评价改革总体方案》，这是新中国成立以来的第一个系统性的教育评价改革方案，也是实现新时代育人目标的纲领性文件，加强这方面的研究刻不容缓。本章内容为笔者多年探讨和思考所得，希望能于落实立德树人的教育目标和实现评价的科学化有益。

第一节　思想政治工作平等法则

思想政治工作是做人的工作，做群众的工作。其根本目的是提高人们的思想政治觉悟及对世界的认识和改造的能力。做人的工作是相当艰巨复杂的。因为，不同的人有着不同的禀赋、修养，有着不同的经历、文化素养，也有着不同的需要结构。实际的思想政治工作过程，即是一个个体的思想政治工作问题。最能体现个体特性的即是人的情感。因此，要做好人的工作，首先必须抓住情感这一环，即必须以思想政治工作者和工作对象之间的情感交流为基础。而要达到真正的情感交流，彼此之间必须建立起平等的关系。也就是说，思想政治工作中必须遵循平等法则。

一、平等的情感交流是打开人们思想窗户的钥匙

人，虽是知、情、意、行的统一体，但人的情感却起着制约其他方面的重要作用，它是通向人的内心世界的第一关。思想政治工作者平等地与工作对象进行情感的交流，是深入人的内心世界，帮助人转变思想，提高觉悟，解决问题的有效途径。

（一）情感是"个性"的首要标志

"人非草木，孰能无情。"这里所指的"情"，不是一般意义上的抽象的人的情感。一般的抽象的人没有情感变化，只有"完整的单个人"才有情感的变化。所谓情感、情绪，是"完整的单个人"对环境的"直觉"态度，它是发自心灵深处的自然、朴素的认知态度。传统的思考方式，往往考虑了认识问题，而忽视了情感、情绪问题。然而，情感对人的生活、人的教育所起的作用并不亚于认识。情感是提高认识的桥梁，是使认识转化为行为的中介和动力，是开启心扉的钥匙。情感尽管是人的一种直觉态度，但它有着丰富的有时甚至使人难以把握的色彩。它的最基本的需求是得到理解和支持。这是人的情感得以正向优化的基石。要使人的情感处于一种被理解和支持的环境中，思想政治工作者必须使自己的情感能与对方共鸣，善于创造出一种平等、和谐的情境。

（二）通过平等的情感交流才能真正了解工作对象的需要结构

人的行为源于动机，动机的产生则是需要所致。人的需要是复杂多样的。要达到思想政治工作的目的，首先必须掌握不同人的需要层次与结构特征。人的需要理想是不能直观的，它藏于人们的思想世界之中，必须通过人们的"情感"之门才能达到对它的认识。因此，思想政治工作者树立起平等的工作态度，亦是认识人们需要结构的不可缺少的条件。同时，平等的情感交流也是人们需要的重要组织部分。美国心理学家马斯洛把人的复杂多样的需要由低级到高级划分为五个层次，包括生理需要、安全需要、社交需要、尊重需要、自我实现的需要。在这些需要中，包含对平等和被尊重的需要，并且，这是正常的、现实的需要。而人们的需要并不是完全一致的，不同的人，或相同的人在不同的时候，处主导地位的需要是变化着的。况且，上述需要的五个层次是马斯洛的一家之言，需要的实际层次

与类别还有着更丰富、复杂的内容。因此，要达到对人的需要层次及结构的真正把握，必须和工作对象进行平等的感情交流，只有将自己的情感融合于对方的情感之中，设身处地地去了解他们、理解他们，做他们的知心朋友，才能真正掌握他们的需要。掌握他们的需要现状与需要理想，才有可能对他们的需要结构和层次进行分析，并帮助他们认清哪些需要是合理的，哪些是不合理的，合理的需要中哪些是当前能够解决的，哪些又是暂时不能解决的，从而使他们放弃不合理的和暂时解决不了的需要，实事求是地解决需要和现实的矛盾，化消极因素为积极因素，增强前进的动力。

（三）平等地交流思想是培养人的思想道德情感的有效途径

情感不仅是认识转化为行为的一种中介物，还是人的思想道德信念形成的必备条件。信念是理与情的结晶，为了把良好的思想道德知识传授给工作对象，帮助人们提高思想政治觉悟水平，思想政治工作者应深刻理解和运用人的情感的特殊价值，在不断提高自身修养水平的基础上，通过和工作对象间平等、民主的思想情感交流，了解对方思想动态、需要结构，并用自己高尚的思想品德情操以及良好的业务修养感染他们。"情感具有感染性的特征"，这是心理学家的科研成果。因此，思想政治工作者要将自己的工作目的依据一定的程序融于情感中，通过潜移默化的过程，最后达到晓之以理的目的。当然，这里还需要有一支高水平的思想政治工作队伍，因为，要想把对象培养成一个什么样的人，自己应当就是一个什么样的人，这是教育实践家们的良训。

二、掌握平等的工作法则是马克思主义者必备的素质和从事思想政治工作的基本条件之一

马克思主义的辩证唯物主义和历史唯物主义是思想政治工作的理论指南。思想政治工作者必须从辩证唯物主义和历史唯物主义出发，正视人的客观实际，尊重群众的历史创造者的主人翁地位，把平等的观念化为自觉的信念，以完成思想政治工作的特殊使命。

首先，历史唯物主义告诉我们，人民群众是历史的创造者，是社会的主人，理应受到尊重和爱护。因此，思想政治工作者没有任何理由高高在上，自以为是，不与群众进行平等的思想交流；不深入到群众中倾听群众

的呼声，了解群众的喜怒哀乐。当然，作为一名思想政治工作者，不能仅仅停留在这个认识水平上，而应该对马克思主义的唯物史观有更深、更自觉的认识，把尊重、相信群众的行动上升到更高层次，正确区分作为历史发展动力的群众主流和一些落伍者之间的差别。对群众主流中的思想政治状态要抱着客观的态度，承认人们认识层次的差异性，从而为自觉地以平等的态度开展个体的思想政治工作打下良好的理论基础。

其次，平等的工作法则亦是坚持辩证唯物主义方法的客观要求。马克思主义的辩证唯物主义告诉我们，解决问题的前提是必须搞清是什么问题，也就是必须从客观实际出发，弄清事物的本来面目，而不能凭主观想象，要就事论事。根据这个道理，思想政治工作要解决人的思想问题，首先就必须从人的实际思想状态出发，但人的思想这个客观存在却有着比其他物质形态更复杂、更丰富的特征，研究人的思想比其他工作更困难。因此，在思想政治工作中使用从客观实际出发的原则时，就必须考虑人的客观存在的丰富的情感特征，并充分利用这种特征，平等、诚挚地去了解他们。在此基础上，方能对症下药，疏通引导，达到思想政治工作的目的。

最后，思想政治工作的特殊使命，要求自身必须具备民主、平等的观念。作为党的工作的一个组成部分，思想政治工作是一个牵涉面广，有着广泛的群众性的工作，工作的好坏直接影响到改革能否顺利进行。思想政治工作要走在改革的前列，每一个思想政治工作者，应加强马克思主义理论修养，增强民主意识，并落实于自己的工作之中。这无疑将有力地推动社会主义民主政治制度的不断完善。

三、思想政治工作中平等法则的运用

思想政治工作是一项具体的、针对性很强的工作，工作方法的正确与否、成效大小，只有在具体的工作中才能体现出来。那么，在具体工作中怎样运用平等的工作法则呢？

一是对任何不同的工作对象都必须亲切相待，平易近人。对群众反映出的问题，都应与他们平等交谈，并深入细致地了解其真相和产生的根源。群众中普遍反映出的问题往往是一些比较敏感的事情，其中包括因某些领导作风中的官僚主义和办事不公而引起的一些矛盾。作为一名思想政治工

作者，应当具有坚持真理的精神和鲜明的原则立场。对群众中因认识错误而反映出的思想问题，应耐心加以引导，对某些领导的不正之风应勇于站在群众的立场上，通过恰当途径促进问题解决。

二是对转变慢的同志要有热心和耐心。思想政治工作的棘手之处往往不在于日常的工作，而常常出现在"老大难"的几个人身上，对这些因种种原因而转变慢的同志，切不可急功近利，简单处理。这需要思想政治工作者发挥良好的品格修养和工作技巧，循循善诱，持之以恒，做耐心细致的思想政治工作。同时，还要求思想政治工作者言行一致，以身作则，做群众表率，用自己的模范行为影响群众，团结群众，带动群众。而要做到这一点，需要艰苦的磨炼和长期的修养。

三是放下架子，勇于向工作对象学习。思想政治工作者本身并没有先知先觉，亦不完美无缺，而作为工作对象集合的群众，却有着取之不尽的值得学习的东西。所以思想政治工作者在工作中应注意向工作对象学习，学习他们思想中闪光的部分，学习他们当中优秀分子的优良品质和工作方法等，以不断提高自身的工作水平。同时，向工作对象学习的过程又是密切和工作对象间关系的有效途径。

四是努力培养工作对象的自我教育能力。相信工作对象的自我教育的可能性体现了对群众的尊重，同时，也是达到教育目的不可缺少的过程。苏联教育家苏霍姆林斯基在《一个公民的诞生》中说："真正的教育只有当学生有自我教育的要求时才可能实现，而自我教育是人在行为中表现出来的优点，它是促使人的优点不断发展的强大动力。"思想政治工作者在工作过程中，应根据对象的不同特征，抓住他们身上的闪光点，进行强化的工作。并且，通过知、情、意、行四个方面培养起工作对象的自我教育热情和能力，这是达到思想政治工作目的的最好方法。

综上所述，平等的工作法则是人的特殊属性对思想政治工作的要求，是一个思想政治工作者的必备修养之一，亦是工作中的一条强有力的法则。每一个思想政治工作者应该细心总结和认真研究。对它的深入研究，无疑将有助于深化对思想政治工作方法理论的认识。

第二节 班主任在大学德育中的作用

大学生的生理和心理素质仍处在一个发展和趋于成熟的过程中，尚缺乏较强的自我把握能力。在实行班级教学制的条件下建立班主任制度，是促进广大学生实现德、智、体、美、劳全面发展目标的重要条件。特别是德育目标的实现，班主任的作用显得尤为重要。

一、德育过程的特殊性需要班主任的积极引导

我们这里讨论的德育或者说品德教育，其内涵主要包括政治品质、思想品质和道德品质三个方面的教育。德育的过程就是创造条件使这三方面品质在相互影响和互相促进中获得发展的过程。这种由影响、促进到发展的过程是在主体与客体，即被教育者（被影响者）与环境的矛盾运动过程中实现的。然而，这种矛盾运动的方向并非固定不变，而是受矛盾各方面力量的强弱所左右。因此，班主任在创造一个有利于学生品德向积极的方向发展的环境方面，可以利用自身的优势，发挥特殊的作用。

（一）品德发展过程的渐进性和连续性需要班主任持之以恒的教育

大学生的年龄多处在 20 岁左右，政治、思想、道德品质还处在一个趋于完善和成熟的阶段。而这个阶段的完成不是一朝一夕所能达到的，也不是几次教育就可以实现的。它是一个品德修养主体（学生）在外界条件的作用下，逐步实现进步或者转变的过程，即是一个渐变的过程。由此可见，稳定地保持一个有利于学生健康品质形成的教育力量，对于德育目标的实现是不可缺少的。因此，班主任可以充分发挥自己与学生接触多、了解较全面，并且工作具有连续性等特点，努力通过自己，并协调学校其他方面的力量，创造一种较稳定的品德教育氛围，保持一种连续而有生机的德育力量。

（二）个体品德发展的曲折性，需要班主任耐心的引导和督促

个体的品德发展是在波浪式的，有时甚至会出现某些反复和倒退的过程中进行的。一个人品德修养发展成熟的标志是：具有建立在深刻认识基

础之上的稳定的品德信念和行为方式。这种境界的形成是个人不断地适应环境，接受教育，并且不断与自己原有的观念、行为方式斗争的结果。如果原有的观念和行为方式是以积极向上的内容为取向，那么与新的环境和所受的教育（这里特指经过挑选的，以积极向上的内容为导向的环境与教育）相互作用的结果将会是在原有基础上的正向加强，这是理想的德育模式。如果原有的观念和行为方式是在消极的或者错误的方向之下，那么与新的环境和所受教育的作用结果则取决于双方力量的强弱对比。在新的力量比较强大，足以战胜旧的消极力量的情况下，个体品德将向积极的方向转变、发展；反之，则改变不了原有消极、错误的品德发展取向。并且，即使是在可改变原有方向的情况下，品德的正向发展也是在不断的反复中实现的。况且，在个体的品德发展过程中，还常常会有不良品德思想、行为的干扰。因此，班主任要在造就适应学生优良品德形成的小环境和挑选适当的教育内容上下功夫。不仅如此，还必须对环境和教育力量进行数量分析，针对具体情况确定环境和教育力量的大小，从而达到使积极的因素不断生长扩大，消极、错误的东西不断得到克服的目的。在德育过程中，不同的个体在品德发展过程中又呈现出各自不同的特征。有些人反复的幅度和频率要大一些，而有些人则可能发展得比较平稳。为了帮助有反复的同学在这个过程中把握住正确的发展方向，班主任必须在详细掌握全班同学情况的基础上，区别不同情况，采取改变教育方式、方法等措施来保证学生品德发展不离开正确的轨道。同时，在这个过程中，班主任还必须对个体参与教育活动的情况进行监督。

（三）优秀品德形成的知、情、意、行基础与个体品德发展的差异需要班主任有针对性的教育工作

一个人要形成成熟的优良品德，必须建立在清晰的认识、真挚的情感、坚定的信念以及稳定的行为方式等基础之上。对于在校的大学生来说，由于受到社会阅历较浅等因素的限制，这种发展还是不完善的。同时，不同学生在发展过程中存在不均衡现象。有的学生有较好的认识基础，却缺乏意志力的锻炼；有的学生有较好的行为表现，但并未建立在较高层次的认识基础之上，等等。怎样才能使学生在各自不同的起点上获得较快的发展呢？心理学的研究表明：个体品德的形成既可以通过知、情、意、行的先后顺序来实现，同时，也可以通过"多开端"来实现。所谓"多开端"就是针对个体品德发展的不同情况，从知、情、意、行中的某个环节开始，达到带动其他，最后实现知、情、意、行统一的品德发展途径。如前所述，对那些认识基础较好但行为习惯较差的学生，就要适当强化他们的行为训练；而对有较好行为表现，但认识尚朴素或肤浅的学生，则重点在于加强他们的理论修养。那么，怎样才能准确摸清学生的具体情况呢？这就要求班主任平时注意细心观察，开展不同方式的调查研究，提供让同学们暴露自己真实思想的机会，等等。班主任在掌握了情况之后，就应通过自己和协调学校其他方面的教育力量，对学生实施有针对性的教育活动。

（四）良好班风的形成有赖于班主任的认真工作

品德发展过程中的主体自我教育与群体感应需要一个好的班风，而良好班风的形成有赖于班主任的认真工作。大学生已经具备了一定的品德修养基础，但在这个基础上朝什么方向发展，不仅仅决定于主体的主观愿望，还受制于许多外部条件，其中环境与教育是最主要的因素。在学校生活中，离学生最近的环境就是班集体。怎样才能形成一个有利于学生品德健康发展的班集体呢？班风是其中的关键。而好的班风的形成除了良好的校风和班主任的积极引导外，还需要有一批能兴良好风气的学生骨干。学生骨干的产生又需要班主任的认真培养和选拔。有了一批好的学生骨干，就能在班主任的带领下，使好的班风得以树立和保持，为学生进行品德修养提供一个适宜的外部小环境。

二、班主任在德育过程中的作用方式

班主任队伍是学校德育工作者中一个特殊群体。他们既是教师，又是学生的朋友。他们对学生的学习、生活、心理状况等方面情况的了解要比其他人更清楚、更准确。因此，这种特殊的身份，决定了他们在学生德育过程中可以发挥特殊的作用。那么，这种特殊作用通过什么方式发挥呢？

（一）通过说理教育，提高学生的认识水平

大学生是青年中有较高文化素养的群体，通过说理教育能在一定程度上唤起他们的自觉。可以通过理论的逻辑力量，帮助他们确立正确的品德观念。班主任进行的德育理论教育不同于思想教育课、政治理论课的课堂教学方式，他们可以通过班上的集体教育，也可以通过课下的个别教育、小组讨论等多种方式进行。教育的内容不是系统的理论知识，而是与学习、生活过程中遇到的具体问题有关的理论知识。因此，这种教育重在针对性。通过对一时一事进行认真解剖分析，区别正误，找出错误症结，培养对积极向上的品德风尚的感受能力和认识能力，从而帮助学生强化从课堂和其他渠道受到的正面教育，起到与其他教育互为补充的作用。同时，还可以增强对错误理论的鉴别能力。

（二）深入学生思想实际，在学生的困惑处予以积极引导

近年来，随着对外开放的逐步展开，西方资本主义社会的诸多哲学、社会学思潮纷至沓来。许多学生一开始应接不暇，然后是不知所措，最后产生了许许多多的困惑。一位学生在看了尼采的《查拉斯图拉如是说》一书后，感到一切都不可信，客观真理不存在了；但他所受的教育又使他认识到应该有真理，应该有值得遵循的道德规范。二者的冲突使他心神不定，学习成绩下降，人际关系紧张。后来，通过班主任和思想教育课老师耐心的思想工作，这种困惑才逐步得到解除。虽然这种极端的例子在学生中是极个别的现象，但西方思潮给学生品德心理造成的困惑却较为普遍地存在。目前，大多数学生马克思主义理论的根基还不深，尚不足以用此来过滤西方思潮中的糟粕。因此班主任应及时了解学生的思想动向，在学生的困惑之处及时"解惑"，帮助他们正确处理取其精华与去其糟粕间的关系。

（三）加强行为训练的指导

大学生尽管文化素养较高，有一定的自觉性，但他们仍存在着普遍的不足，即意志力比较弱。一个人良好品德的形成是以有着较稳定的意志力为标志的。而意志力的获得不仅需要有清晰的认识，还必须有足够的行为训练。班主任可以通过制订切实可行的活动计划，开展经常性与不定期相结合的锻炼活动，使学生在这种经过事先设计的实践活动中，较快得到品德行为的全面锻炼。

（四）发挥身教优势，注意行为示范

心理学的研究表明，在品德教育中，生动的榜样比起抽象的论述具有更大的感染力和说服力。班主任跟学生接触多，在了解学生的过程中，学生们也了解了他。班主任在学生中的形象就不再是教完几节课就走的普通教师了，而是活生生的具体生活中的一员。但同时，他又是老师。班主任给学生的教育作用就不仅包括言传，而更重要的在于身教。班主任对学生要求的一切方面，学生们首先就要在班主任身上观察，看老师自己是否已经做到。你要求学生树立共产主义的人生价值观，那么，你自己是否是共产党员或正在申请加入共产党？你提倡树立集体主义、大公无私的道德风尚，那么，在你的工作或生活过程中，当遇到个人利益与他人或集体的利益发生矛盾时，是否能牺牲个人利益来保全他人或集体的利益？你要求学生用辩证的观点分析社会问题，那么，你对待曾经表现较差的同学是否也能看到其优点并予以帮助？等等。一个面对学生讲一套，自己的言行却是另一套的班主任，是不可能真正树立班主任权威而达到德育目标的，往往还会走向反面。所以，一个合格的班主任，不仅仅要懂得教育规律，而且要有极高的道德情操和思想觉悟，坚定正确的政治信念，掌握科学的工作方法，且能踏踏实实地落实于行动，率先垂范，成为学生的楷模。

三、德育工作对班主任提出的要求

要实现德育目标，班主任必须首先具备多方面的素质条件。这些条件，概括起来如下。

（一）健康成熟的政治素质

班主任是班级的"龙头""舵手"，他的政治言论和行为，直接影响着学生的政治态度。一个合格的班主任必须具备以下两个方面的政治素质。首先，有较扎实的马克思主义理论基础。能较深刻地领会马克思主义的辩证唯物主义和历史唯物主义原理，并能运用这些基本原理正确分析现实社会生活中的具体问题。其次，必须有较高的政治觉悟。较高政治觉悟的获得是建立在对马克思主义理论的深刻领会基础之上的，表现在正确估价与把握现实政治问题，善于抓住时机，开展积极有效的政治思想工作等方面。一个班主任政治管理能力的高低是其政治素质成熟程度的集中体现。

（二）过硬的业务素质

这里所指的业务素质，除了一定的专业基础知识修养外，主要包括作为一个德育工作者所必备的理论修养。其中，有作为一个教育工作者应该具备的教育学、心理学的基本知识，也有作为一个班主任、一个德育工作者应该具备的伦理学、哲学、社会学、行为科学、管理科学等学科的知识。只有这样，才可以使我们的工作纳入科学化的轨道，走出"头痛医头、脚痛医脚"的被动工作局面，实现班主任工作从经验型向规范型的方向转化。

（三）较强的德育实际工作能力

在学校的德育工作中，班主任要圆满完成自身的德育任务就必须具备较强的实际工作能力。这些能力具体体现在德育工作的不同的方式、方法之上。一个合格的班主任应该具有哪些基本的德育工作能力呢？首先，有较强的组织谈话的能力。谈话，是班主任进行德育工作的常用方法。不同的谈话时机、方式、方法的选择与谈话效果息息相关。第二，有一定的调查研究能力。班主任工作的特点决定了他们不仅仅要进行个别教育，还要进行班级面上的教育，所有这些，都离不开调查研究。因此，调查项目的设计，调查活动的组织，调查结果的分析，都是班主任在进行调查研究前必须掌握的。第三，有较强的语言表达能力。德育的方法较多，其中之一是以理服人。要达到以理服人的目的，应当具备两个起码的条件。其一是教育者手中掌握的"理"应当是真理。其二则是要正确运用逻辑的力量表述真理，使被教育者心服口服。二者缺一不可。第四，有较强的策划活动的能力。主要体现为能够在学生乐于接受的活动形式中渗透德育内容，达到德育目的。

（四）有饱满的工作热情

班主任的工作对象是情感丰富的学生。一个冷若冰霜的人，是不可能真正接近学生，从而实现德育目标的。只有那些对学生怀着深厚的感情，同时又具备其他方面条件的人才能真正成为学生的施教者。当然，这种对学生的感情不是一般意义上的人们之间的爱，而是一个施教者基于对培养祖国未来的建设者和社会主义的接班人的责任感而产生的爱。因此这种感情是高尚无私的。并且，随着这种责任感的加强，这种感情也会变得更真挚、更持久。

（五）必须具备较高的道德素质

要完成班主任的德育任务，需要花费大量的时间和精力。这些劳动常常不易被人察觉，难以计算，也难以体现多劳多得的报酬分配原则。因此，对待班主任工作如果以报酬的多少为转移，将会严重影响他们在德育过程中作用的发挥。每一个班主任只有在认真学习马克思主义的唯物史观的基础上，深刻领会人类社会的发展规律，从而坚定自己所从事的社会主义教育事业的信念，找到自己工作的价值，并在此基础上，确立起无私奉献的道德价值观，从国家的长远利益出发，正确处理工作、生活和待遇之间的关系，把自己的心血倾注到培养合格的社会主义人才上去，努力实践一个人民教育工作者的光荣职责，才能成为一个合格的班主任。

第三节　德育教师的人格

德育区别于智育与体育，在于其致力于塑造完整、协调统一的，符合社会主义发展要求的人格方面。这种以育人为宗旨的教育，是整个教育的核心，它渗透于学校教育工作的各个方面。德育教师所进行的德育又有着自身的特点，他们进行教育时的针对性更明确、更直接。在进行德育的过程中，德育教师在为学生营造品德修养目标、提供修养途径、实施修养监督等方面，是以个人现身说法的方式出现在学生的修养实践之中的。学生接受这些教育时，常常是把德育的内容与教师本人的具体现实情况放在一起共同接受的。当这二者和谐统一时，则可以促使学生完整、顺利地接受教育；反之，则会使学生的认识产生矛盾，导致困惑，进而不利于德育内容的贯彻实施。因此，健康向上的德育教师人格，是保证学校德育目标实现的不可缺少的条件。

一、德育教师人格的教育功能

德育教师实施德育的过程，不仅是一个向学生进行德育灌输的过程，同时也是一个以自身的人格力量影响学生品德修养的过程。德育教师人格的特征直接影响着德育的效果。

（一）德育教师的人格制约着德育理论与德育实践的正确结合

德育的目标在于塑造具体的、符合社会主义现代化建设要求的合格人才。这个目标的实现是一个将马克思主义德育理论通过教师的工作具体地作用于学生个体，从而使学生的品德获得提高和进步的过程。在这个过程中，影响学生德育效果的，不仅仅是教师掌握的理论本身，德育教师的人格也是这个过程的有机组成部分。德育教师自身的人格特点制约着德育效果的实现。因为学生接受德育的过程是在接受德育教师传授德育理论的基础上，逐步确立品德修养动机、目的，进而树立品德修养理想和修养目标的过程，学生对所受教育的理论所抱的态度是这一过程实现的极为关键的环节。如果学生对所受教育的理论抱的是怀疑的态度，这时，理论的逻辑力量在对学生进行教育的过程中就会失去它应有的作用。只有当学生抱着诚挚、配合的态度来接受教育，外界的理论才可能内化为学生的品德认识基础，从而使科学的理论成为指导学生进行品德修养的内驱力。那么，是什么因素制约着学生在接受外界理论教育过程中的态度呢？教育者的人格是其中的关键因素。如果教师是口头上的"巨人"，行动上的"矮子"，那么，即使他宣传的理论最科学、最精辟，学生们在这种教师面前也只会形成消极、被动的学习态度；如果教育者充满智慧、才华，又有着良好的政治、道德等方面素质条件，学生们就会在自然、亲切的气氛中接受教育，这时，受教育者就可能形成积极、主动的学习态度，从而使德育获得应有的成效。"有理想的人谈理想""有贡献的人谈奉献"之所以能受到学生的欢迎，原因就在于此。可见，努力造就一支人格层次较高的德育教师队伍，是德育工作的客观需要，是德育系统工作不可缺少的重要环节。

（二）德育过程的导向功能，需要德育教师以强有力的人格力量为学生品德修养提供楷模

学生在通过德育教师的理论灌输，掌握了一定的品德修养理论基础，并在教育者的引导下确立起了品德修养理想之后，接着遇到的问题是：这样的理想能否实现？通过怎样的渠道去实现？在寻求这些答案的过程中，他们首先用以作为参照的是集品德教育理论者与品德修养先行者于一身的德育教师。他们在德育教师身上寻找自己理想的踪迹，并渴望教师的人格因素中能模范地体现着自己的品德修养理想。并在此基础上，希望通过对老师成长历程的了解，为自己进行品德修养找到可资借鉴的途径，这样，老师的人格就被学生当作楷模转移到了学生的品德修养过程之中，老师人格的特征变成了影响学生品德形成的一个重要因素。德育教师的人格如果能够体现一个共产党员的风范，就会为学生克服来自社会各方面消极因素的影响，坚定地进行共产主义思想品德修养提供有力的后盾。如果德育教师是一个在课堂上讲着共产主义理论，在现实生活中却又做出有悖于共产主义行为的人，他的人格表现，就会使学生在受品德教育中感到迷惘、困惑，进而使学生弱化甚至失去对美好品德修养理想的追求。因此，德育教师必须努力实践共产主义品德，剔除不健康的品德观念与行为，通过自己健康高尚的人格，体现马克思主义德育理论与现实社会实践的科学结合，为学生在品德修养过程中提供可资借鉴的榜样。

（三）德育面临的挑战，人格力量是迎接挑战的重要武器

当前，国际共产主义运动处于低潮，国内进行的改革开放事业在取得了巨大成绩的基础上，也存在着怎样进一步深化改革的问题。共产主义作为一个运动，他的制度意义上的优越性还远没有在现实社会中得以全面实现。而作为上层建筑的共产主义思想道德体系，其科学性还不可能通过简单的横比、纵比等实证方法加以说明，其理论的逻辑力量也只能为一部分有较高理论修养的人接受。对于大多数学生来说，理论修养还比较单薄，特别是马克思主义、毛泽东思想的理论修养还很不够。因此，要使学生树立起正确、坚定的品德修养动机和目的，仅有理论的逻辑力量是不够的。德育教师以强有力的共产党人的人格，纠正学生中存在的对共产党人的错误看法，从而促使学生坚定进行共产主义品德修养的理想，并以德育教师的人格为榜样，不断进行自身的品德修养。

二、德育教师人格的建构

德育教师人格在德育过程中教育功能的实现，有赖于一个健康高尚的人格前提。一个合格的德育教师，其人格更注重有着正确的人格导向、完整的人格结构和较高的人格层次等方面。

（一）必须有正确的人格导向

一个人的人格是一个多因素的组合体，是建立在一定生理基础之上的一个人的精神风貌的总和，主要包括生理的、心理的和社会的因素。生理的因素是人格存在与发展的基本前提；心理因素则为人格的发展提供智力和意志等方面的条件；在社会因素中，尤以道德因素为其主要成分。纵观人格的诸因素，道德因素以制约着人格修养的方向和层次高下而在其中起着关键的作用。这一点，在德育教师的人格构成中有着更高的要求。社会主义学校的德育教师是直接地进行马克思主义世界观、人生观、价值观教育的教育者，其自身人格导向的正确性是影响德育目标实现的关键。因此，德育教师的政治条件，是其资格的首要条件。具体体现在：有较深的马克思主义理论知识的修养；能使马克思主义的基本思想方法、工作方法内化于自己的思维方式和工作方式之中，达到较自觉地运用马克思主义的基本原理回答现实生活中和学生品德修养过程中遇到的问题，有清醒的政治头脑；能准确识别和防止形形色色的非无产阶级思想对德育过程的干扰和破坏，特别是在政治风波过程中站稳马克思主义立场，有较高的对现实问题的觉悟能力。只有这样，才能保证学校德育教师队伍的正确的方向性，从而使学校德育的目标立于马克思主义的立场之上。

（二）必须有完整的人格结构

德育教师的人格表现就其与学生的关系而言，有课堂形象与课下形象之分；就其个人的形象而言，有思想言论形象与行动形象之别。不仅如此，教师人格在不同的社会角色位置，均有其与具体的实际情况相适应而呈现的不同形象特征。人格外在特征的多样性是个人人格适应不同社会环境的必然要求，这些外部特征有着其内在的必然联系。但是，也有些外部特征出现互相矛盾和内在因素不协调的情况，这就是多重人格的具体表现。这种外显的人格多重现象，其实是一个人人格畸形的外部表现，这种畸形人格因一定的社会环境和个人的需要结构因素的影响而定。就个人的需要结构而言，在个人的需要得不到正常满足，个人的价值观与社会的要求不能吻合的情况下，就易产生个人通过虚假的方式来求得与社会整体要求的一致以满足个人的需要的现象，从而导致了人格结构的不完整。德育教师要想取得理想的教育效果，特别忌讳多重人格现象的发生。常见的双重人格现象，就严重地影响着德育效果的良好发挥。学生们常常因为发现老师课下的所作所为与课堂上所讲授的理论有矛盾的现象，而对所接受的理论产生怀疑，从而弱化树立共产主义品德修养的动机和愿望。德育教师要避免多重人格现象的发生，必须自觉加强自身理论修养，并且要努力将理论付诸实践。努力克服社会上一些消极、腐败因素的影响，以马克思主义辩证唯物主义和历史唯物主义观点，把握社会发展的客观规律。以社会主义教育者的责任感和为未来培养共产主义事业建设者和接班人的使命感来为自身人格修养确立标准。努力实践，树立起真实、和谐、可信赖的德育教师人格。

（三）努力攀登较高的人格层次

德育教师的人格承担着教育功能，因而，对他们的人格层次提出了较高的要求，否则，教育者的功能就难以实现。那么，德育教师的人格应该具备哪些基本素质才算符合较高层次的人格要求呢？除健康人格所必备的一些基本素质外，主要应包括如下几个方面。首先，必须有较高的政治素质。政治素质的核心解决的是立场问题，其在不同历史时期有着不同的具体含义。今天，德育教师政治素质的内涵应主要体现在对坚持四项基本原则的认识、理解和落实于自己的言行等方面。只有深刻认识坚持四项基本原则是我国的立国之本，才能保证在改革开放过程中站稳无产阶级立场。其次，必须有较高的思想素质。一个人的思想素质包含着建立在一定知识、智力条件下的思想观点、思想方法、思想作风等方面内容的总和。德育教师的思想素质中，在基础的思想素质方面，应先具备必需知识基础，熟悉教育理论，较完整地掌握马克思主义的德育理论以及与德育相联系的有关学科的基本知识，诸如社会学、行为科学、法学等。并且，还要具备必需的综合、归纳、分析等处理问题的能力。除了这些基础素质外，德育教师的思想素质更集中地体现于建立在这一基础素质之上的对实际问题的认识和处理能力，即表现为能自觉地运用马克思主义的辩证唯物主义观点解决德育过程中的具体问题。最后，必须有高尚无私的道德素质。道德素质的高低是决定人格层次高下的一个关键因素，对于德育教师的人格完善尤为重要。因为确立高尚无私的道德品质，是马克思主义德育内容的重要组成部分，是保证德育教师实现自身德育目标的必备条件之一；同时，在德育工作的实际运行过程中，在德育教师的精力投入过程中，也要求德育教师有无私奉献的道德人格基础。如果德育教师斤斤计较个人得失，就无法适应德育工作循序渐进的工作特点，也就无法实现德育的最终目标。德育教师人格的道德素质，集中地体现在处理本人利益与集体利益和国家利益的关系方面。马克思主义的道德原则要求德育教师在处理这些方面的矛盾时，自觉地从集体利益和国家的长远利益出发，来调整个人利益，使个人利益服从于集体利益和国家利益。当个人利益与集体利益和国家利益发生矛盾时，做到自觉地牺牲个人利益，保全集体和国家利益。只有这样，才能解决好个人的劳动付出与报酬、学生进步与教师个人发展等诸多难于统一的矛盾，树立起诚实坦白、与人为善、团结协助、大公无私、廉洁奉公的道德人格，把为祖国培养合格劳动者和接班人这一崇高历史使命倾注于自身的生命历程之中，去实现自身的人生价值。

三、德育教师人格的修养

树立起合格的德育教师人格，必须建立在由合格德育教师个体组成的德育教师队伍群体的基础之上，因而，德育教师人格是个体人格与群体人格的统一体，所以，实现学校德育教师人格的修养，是这两个方面的统一。

（一）必须严把挑选德育教师人选时的质量关，以提高德育教师的整体人格水平

德育教师的选拔，是形成良好德育教师整体人格的首要的、基础性的环节。能否把一些德才兼备，适合从事德育教育工作的同志选拔、充实到德育教师队伍中来，是这支队伍是否合格的必要条件。在选拔时，具体应抓好以下几个方面工作：第一，重视政治素质，但不能忽视业务素质条件。德育教师的政治素质是首要的，它决定着培养人才的方向。但是，如果只要政治素质，而忽视教师的业务素质，则政治素质就会失去发生作用的基础。可见，必备的业务素质条件也是作为一个德育教师不可缺少的素质条件之一。第二，在强调具备必要的理论水平时，必须要求有一定的实际工作能力与之相适应。必备的理论水平是从事德育教育的先决条件，只有较完整地掌握了马克思主义基本理论，才能运用这些理论来为教学服务。但仅仅掌握理论还只是为德育提供了一种可能性，而要将这种可能性转变为现实性，还必须依靠实际工作来实现，实际工作能力的高低直接影响着理论落实于教学的程度。第三，注意上岗前的专业基础，但也要注意防止一刀切。一般来说，系统地接受过思想政治教育，接受过马克思主义理论等政治类以及社会科学类高等教育的同志，从事德育教育工作有较扎实的理论基础，是德育教师来源的主渠道。但是，不应把它当作唯一的渠道。一

些在其他方面学有所长，有较好的政治素质并热心德育工作的同志，也应不拘一格地将他们吸收到德育教师的队伍中来。他们理论修养方面的某些不足，可以通过上岗后的培养来解决。

（二）必须加强对德育教师的后续培养

为了使上岗后的德育教师适应不断变化的教育形势，必须加强对在职教师的后续培养，这是保障这支队伍永远合格的必要环节。为了使这种培养达到目的并符合现实情况，应着重注意以下几个方面。第一，强化理论素质。上岗后的德育教师尽管具备了一定的理论素质，但是这些素质之于德育的具体工作来说，还是不系统、非理性的认识。要适应德育工作，不仅要注意专门理论的学习，更应结合实际，在理论与实践的结合点上来提高理论水平。在当前和今后一个时期内，提高广大德育教师的时事政策理论水平，又是加强理论素质培养的一个重点。在资本主义国家对社会主义国家进行"和平演变"战略之下进行我们的改革开放事业，拒腐防变意识是工作在学校德育战线的教师刻不容缓应当加强的修养之一，必须把自己的教育置于具体的历史条件之下，从而增强提高自身时事政策理论水平的紧迫感。第二，应努力提高实际工作能力。德育课区别于其他课程的一个最显著的特点，就在于其更强调理论与实践的密切结合。在实际工作中，存在着重理论轻实践的情况，结果常常导致德育理论与具体学生的品德修养实践相脱离，出现不利于学生品德修养连续、顺利提高的情况。只有强调德育课的实践地位，并且采取措施加强德育教师的实践能力，才能使德育这个教育系统日臻完善，取得更好的效果。因此，提高德育教师的实际工作能力，首先是个认识问题，只有充分认识实际工作能力在德育工作中的作用，才会增强培养的自觉性。在此基础上，可以结合具体工作实际，安排培养内容。最后，必须加强培养环境建设。除了提高教师的理论素质和实际工作能力等培养硬件外，还必须注意营造提高德育教师成长环境的培养软件。这里所指的软件，主要包括德育工作质量提高所需的设备、图书资料、活动经费，以及必要的生活、工作待遇等方面的条件。这些条件虽说不像其他条件那样来得直接，却是影响德育质量高低的重要因素。因此，学校工作中，必须从认识德育第一的高度，重视这些条件的创造，并要制定相应的规章制度，保证其不断得到更新和发展。

（三）个体人格的完善是德育教师整体人格完善的基础

促使德育教师整体人格的提高，必须从提高个体人格的层次开始。因此，德育教师要从各自的实际情况出发，努力加强个体人格的修养。这是提高德育教师人格层次的根本途径。为使个体品德修养过程稳定、持久地保持，首先，必须确立强有力的人格修养动机和目的。如果只为了一时跟上形势而走走过场、做做表面文章，是不可能有较好的修养效果的。德育教师只有明确责任感，增强使命感，才有保持自身修养目的的正确与稳定的基础。其次，必须有切实可行的修养计划。修养计划是修养动机和目的的具体化，与修养动机和目的相比，它有着明确和可以现实操作的特征。制订计划时要注意长期计划与短期计划相结合，短期计划要立足各人现实情况，做到步步到位。再次，必须坚定信心，克服困难，努力使修养计划落到实处，将马克思主义的理论要求运用于人格修养实践之中。在今天，人们的思想觉悟因受制于生产力水平的限制，普遍还不太高的情况下，经常会碰到来自不同方面的干扰和阻力。一些封建的，资产阶级的消极、腐败思想严重地影响着这一修养过程的正常进行。因此，德育教师必须用马克思主义理论武装自己，识别消极腐败现象的阶级实质，认清社会主义潜在的、巨大的优越性和社会主义必然代替资本主义的历史趋势，从而坚定共产主义信念，并将这种信念转化成为强大的意志力量，保证人格修养计划的顺利实施与逐步实现。

第四节　大学生的人生态度

人的一生除了正确行使人生的权利与义务之外，还要正确地解决好人生过程中的诸多矛盾，这就需要我们有正确的人生态度。人生态度不是抽象的个人意志，而是时代的产物。今天，我们正处在进行社会主义现代化建设的新时代，要完成时代赋予我们的历史使命，必须树立起符合我们这个伟大时代的人生态度。

一、人生态度的概念及其形成条件

（一）什么是人生态度

要认识什么是人生态度，首先必须弄清什么是"态度"。态度是指个人对某一对象（人、物、制度、观念等）所持的评价和行为倾向。态度包括认识、情感和意向三个成分。认识是个人对事、对物、对人所产生的思想、信念及知识。情感则是指个人对一定对象的喜爱或厌恶、尊重或蔑视、同情或冷淡。人对喜爱的事物或活动，一般会持有积极的态度，而对厌恶的事物或活动，就会持消极的态度。情感在态度中常常起着最为重要的作用，意向则是指态度与行动相联系的部分。态度的意向即指准备对一定的对象作出反应（采取行动）的准备状态。

态度包含认识、情感和意向，其中情感是影响态度的关键因素，从一定意义上讲，心理情感的准备状态决定着一个人对待客观事物的态度。

所谓人生态度，是人们在一定的社会环境的影响及教育和自我生活体验所形成的关于人生问题的较稳定的自我心理倾向，是对自我人生所持的基本态度，是指导人生活动的一种心理定向和行为表现。人的一生是复杂的，在人生的成长发展过程中，有许多需要我们回答的问题，需要我们抉择的矛盾。例如，怎样回答需要、理想、信仰、追求、学习、劳动、友谊、爱情等问题，怎样解决顺境与逆境、光明与黑暗、生与死、乐与苦、善与恶、美与丑、真与假、荣与辱等矛盾。这些都包含着一个人的人生态度。

（二）人生态度的形成

人生态度不是从来就有的，它是一定社会生产力和社会关系的产物。马克思和恩格斯指出，"不是意识决定生活，而是生活决定意识"，"意识一开始就是社会的产物，而且只要人们还存在着，它就仍然是这种产物"。[①]在人们的社会生活中，影响每个人人生态度形成的，主要有社会环境和个人生活经历两大方面。

1. 社会环境是人生态度形成的基本前提

社会环境又包括社会的大环境和人生的小环境两个方面。社会大环境

---

① 马克思，恩格斯. 马克思恩格斯选集：第 1 卷 ［M］. 北京：人民出版社，1972.

对人生态度的形成起着决定性的作用。这里所指的社会大环境，主要包括：社会的物质资料生产方式，社会的政治制度，社会的意识形态，社会的教育制度和社会风尚，等等。其中社会的物质资料的生产方式是决定一定时代人的生活态度的主要因素。有什么样的物质资料生产方式，就有什么样的生活方式，也会有什么样的人生态度。奴隶社会、封建社会和资本主义社会，都是建立在生产资料的私有制基础上的，由此而决定的剥削阶级的人生态度只能是个人主义和功利主义的人生态度。而无产阶级的人生态度是建立在社会主义公有制基础之上的，他们自己的利益是和全体人民的利益联系在一起的，除此之外，他们没有任何个人私利。因此，他们可以站在推动人类社会进步的高度来处理人生问题。他们人生态度的核心是集体主义。这种人生态度反映在今天的现实生活中，就是求实、务实、开拓、创新、乐观、进取的崇高精神。其次，人生小环境是具体影响个人人生态度形成的关键因素。人生小环境主要包括家庭环境，朋友、同学组成的小群体环境，以及学校环境、工作单位环境及个人阅读所形成的环境等方面。这些因素尽管没有像社会大环境那样对人生态度起着根本的作用，但是在具体不同个人的人生态度的形成中常有极为重要的作用。人的生命的初始阶段首先是在家庭中接受家庭环境的影响。家庭的风气、家庭教育、父母的品行、长辈的人生态度都时刻影响着子女们的成长。良好的家庭环境，可以培养子女们积极进取、乐观向上的人生态度，否则，可能使子女们接受不良影响，养成消极、颓废的人生态度。当然，有些人家庭环境虽不好，但能积极接受社会其他方面的影响，同样可以养成正确的、合乎时代要求的人生态度。也有一些人生活在各方面都很优越的家庭里，却受了社会消极方面的影响，而逐渐消沉、堕落，甚至走上犯罪的道路。因此家庭环境对人生态度的形成并非起决定性的作用。

人是社会的人，都有参与和交往的需要。人们除了生活在家庭这个小环境里外，还时常有着与亲戚、朋友、同学的交往。这种交往也是个体接受教育的过程，它对个人人生态度的形成起着潜移默化的作用。俗语说，"近朱者赤，近墨者黑"，就形象地说明了这种影响的作用。比如，同玩世不恭的人交往甚密，自己往往也会成为玩世不恭的人；同悲观厌世的人密切接触，自己往往也会形成消极悲观的人生态度；而同勤奋进取的人密切接触，则会形成积极向上的人生态度。这对同学们是一个启示：我们在交往、择友过程中，应谨慎从事，切不可滥交往、乱交友，否则，将贻误终身。

一个单位的环境对个人的人生态度的形成也有它独特的作用。对于大学生来说，学校环境对我们确立正确的人生态度有着极为重要的促进作用。学校的教育内容，老师的模范行为，一个学校的校风、班风等，都不知不觉地对学生形成正确的人生态度产生积极或消极的作用。对于大学生来说，还有一个影响其人生态度确立的小环境，那就是阅读的环境。读一本书，就是一次自觉接受教育的过程。所以，读内容健康、激励人上进的书籍，可以培养积极进取的人生态度，否则，可能相反。

2. 个人的生活实践在人生态度形成过程中起着关键的作用

个人人生态度的形成，受环境和教育灌输的影响，但要真正培养自己成熟的人生态度，只有统一于自己的实践。人们的生活实践对人生态度形成的影响是通过形成和发展两个方面进行的。首先，个人的生活实践影响人生态度的形成。个人不同的人生经历是影响人生态度形成的重要因素。如果个人从小受到良好的家庭和学校教育，生活、工作都比较顺利，就可能会无视生活中的困难，形成乐观的人生态度。如果个人生活过程中屡遭不幸或不公平的待遇，就容易对人际关系采取冷漠态度，甚至对人生失去信心，形成悲观的人生态度。当然，如果个人生活实践中虽遭挫折，但能正确地对待暂时的困难，并努力克服，则同样可以形成坚强、乐观向上的人生态度。其次，个人的生活实践在人生态度的改变过程中亦起重要作用。一个人一旦形成比较稳定的人生态度，就将成为一个比较稳定的行为方式，为个人处理人生问题提供导向。但是，人生态度不是一成不变的，而是随着生活实践的深入，发生不同程度的变化。这个变化的过程是通过原有人生态度与新的知识不断矛盾斗争的过程实现的，包括强化与改变两个方面。在原来形成的人生态度与新的关于人生的知识可以协调统一的情况下，产生的是强化作用，按原有方向发展。当新的关于人生的知识与原有人生态度系统不统一，二者的对立斗争就决定了发展的方向。如果原来的人生态度是积极进取，而新的知识是消极颓废的，在原有人生态度力量较强的情况下，就可以克服消极因素的冲击，保证向积极的人生态度方向发展。反之，则会使积极的人生态度向消极的方向转化。由此可见，大学生在有了一定的人生态度的基础上，应视自己不同的情况，努力接受关于人生问题的积极进取的知识。

（三）五种不同的人生态度

在现实生活中，人们的人生态度大体有以下几种。

第一种是积极进取的人生态度。持这种态度的人以国家、民族、人民利益为重，把自己比作春蚕，一生吐丝为人民；他们以振兴中华为己任，有理想、有志气、有道德，艰苦奋斗，为社会主义现代化建设事业献身；他们把时间与精力主要用在掌握现代文化科学知识上，用在社会主义事业上；他们意志坚定，有清醒的头脑，不随波逐流，不怕挫折，把困难和逆境当作磨炼自己的动力；他们不为金钱，不为名利，出污泥而不染，身在河边不湿鞋，为拒腐倡廉作表率。

第二种是无所作为的人生态度。持这种态度的人不求进取，专思悠闲，工作马虎，学习懒散，浑浑噩噩，得过且过。有的人只要组织照顾，不要组织纪律；只享受社会福利，不为社会尽力。有的人认为上了大学就端了铁饭碗，六十分万岁，听课不认真，考试搞舞弊，只图混张文凭，找个轻松工作。面对火热的生活，他冰冰冷冷，甘当时代的落伍者。

第三种是以私字为核心的人生态度。持这种态度的人，以自我为半径，为自己、为小家庭忙碌奔波。他们拉关系，走后门，以权谋私，贪污腐化，营私舞弊，什么坏事都干得出来。

第四种是消极悲观的人生态度。持这种态度的人，过去可能有过美好的憧憬和美妙的幻想，因为受过挫折，确立的人生目标无法实现，把原因归结为"时运"，认为"生不逢时"，自己命运不好，因而情绪低沉，对任何事情不感兴趣，学习、工作、劳动只不过是为了消磨时光。

第五种是批判主义的人生态度。持这种态度的人，以超世的姿态，以评论员、裁判员的身份对待人民，总以为社会亏待了他，"欠了他的债"，对现实生活一切都不满意，评头品足，指手画脚，甚至大发牢骚，发泄不满情绪。

人们的人生态度具有多样性，既有积极的，也有消极的；既有正确的，也有错误的。在大学生中，持积极向上的人生态度的是多数，是主流，同时，各种消极的、错误的人生态度在他们中也有反映。这对大学生的健康成长乃至今后一生都有影响。因此，我们必须深刻体会树立积极人生态度的意义，认清消极的、错误的人生态度的危害，在生活实践中，形成积极向上的人生态度。

二、时代精神对人生态度的要求

（一）时代精神是社会发展的产物

什么是时代精神呢？所谓"时代"，是指历史上以经济、政治、文化等状况为依据而划分的历史时期。而"时代精神"，则是某一时代的人们在社会的经济、政治等实践活动的基础上产生和形成的社会意识，如认识、观念、思想、理论、路线、方针、政策等，它是人的思维活动主导的心理意向。时代精神属于社会意识的范畴，它是社会存在的反映。同时，它又对社会存在有着巨大的能动作用。时代精神对于推动社会向前发展，帮助人们确定科学的人生态度有着很大的促进作用。

人类社会发展到今天，经过了一个漫长的历史发展过程，其间有社会制度更替的剧烈变化，也有同一社会制度的内部政治、经济、文化等内容的较大变化。与这些变化相伴随的是不同时代的出现，不同的时代有着不同的时代精神，每一个时代的时代精神都是社会发展到一定阶段的产物，它综合地反映一定时代发展的趋势。

当前，我国的社会主义建设进入了一个新的历史时代，这个时代的时代精神就是实事求是，开拓进取，振兴中华。这种精神代表了时代发展的趋势，是我国现时代和社会生活的反映，也是全国人民的共同心理意向。

（二）民族振兴对大学生人生态度的要求

民族振兴是进行改革开放和社会主义现代化建设时期的时代精神的宗旨。在实现民族振兴的过程中，大学生怎样才能形成正确的人生态度呢？

1. 认清社会主义制度的优越性，增强必胜意识，把握人生态度的正确导向

尽管目前我国的生产力水平与发达国家尚存在着较大差距，但我们有可以容纳生产力获得巨大发展的社会主义制度。社会主义制度是人类社会发展到今天的一种最完善的社会制度，它与资本主义制度相比，在促进生

产力发展的可能性方面有着巨大的优越性。当然社会主义制度优越性的充分发挥也有一个不断完善的过程。大学生们通过学校的马克思主义理论学习和具体社会实践活动，在不断加强对社会主义事业必胜认识的基础上，就会对我国的未来充满信心，就不会被眼前的暂时困难所吓倒，从而树立起无产阶级的乐观主义的人生态度。

2. 认清社会主义现代化进程中的复杂性，增强科学意识，以严谨认真的精神确立人生态度

进行社会主义现代化建设，实现民族振兴，是一个极为复杂的过程。对待复杂的社会现实，切不可主观臆断，而必须从客观实际出发，采取科学的态度，实事求是地分析问题、解决问题。比如，我们对待现代化过程中传统文化的地位问题就必须采取一分为二的科学态度，去其糟粕，取其精华。对于那些阻碍生产力向前发展的宗法观念、闭关锁国观念、中庸无为观念、平均主义观念、教条主义观念、男尊女卑观念等，应该坚决抛弃；而对于促进生产力水平发展的团体观念、爱国主义精神等，就应该注意发挥其作用。

3. 认清社会主义现代化建设的长期性，增强持久意识，以长远的观点确立人生态度

中国实现现代化乃至全国各族人民的共同富裕，需要经过若干代人的艰苦奋斗，长期坚持勤俭建国、全面厉行节约的方针。要克服急躁冒进、盲目乐观等情绪，通过埋头苦干去实现社会主义现代化的宏伟蓝图。如果缺乏埋头苦干意识和坚韧不拔的毅力，仅浮于表面，哀叹理想的美好而遥远，那么最美好的理想也只能永远是一个梦。正确的人生态度应当建立在认清目标、埋头苦干、持之以恒的基础之上。

4. 认清世界科技进步的潮流，增强赶超意识，积极投身科技进步事业

从 20 世纪 50 年代开始，一场震撼世界的新技术革命蓬勃兴起，以微电脑为中心，包括生物工程、新材料、新能源和航天技术等一批新兴技术的产生和发展，宣告了新技术革命的到来。这场规模巨大的新技术革命，加剧了各国综合国力的竞争。进入 80 年代以后，一场以发达国家为主体的全球性高技术领域的竞争开始了，它对全世界的经济、政治、军事格局产生了巨大的影响，构成了全球性激烈竞争的新态势。这对我国来说，既是一

个机会，也是一次挑战，在这种或进或退的选择面前，我们选择前者，只有迎难而上，发扬开拓创新的精神，民族振兴才有希望。大学生们应珍惜我们所处的新时代，满怀激情地去投入这场革命，为科学技术的全面现代化贡献力量。

三、当代大学生应有的人生态度

（一）求真务实

我国社会主义革命和建设的成功经验证明，只有把革命性和科学性结合起来，做到不忽冷忽热、忽"左"忽"右"，才能取得革命和建设事业的胜利。而科学性的核心内容就在于从客观事实出发，按客观规律办事。求真务实就是对这种精神的高度概括，是指导人们认识世界和改造世界的武器。当代大学生树立求真务实的人生态度，是时代的需要，也是前人人生经验的科学总结。

什么是求真和务实呢？所谓求真，就是研究和探索客观事物发展的内在规律性。务实则是尊重事实，坚持真理，严格按客观规律办事。确立求真务实的人生态度，必须做到以下三个方面。

1. 严谨踏实

不论是对待学习还是工作和生活，都要做到严肃认真，尊重客观事实，以事实说话，不做作、不虚构、不逢场作戏。对待学习，要有严谨的治学精神。具体体现在，要有明确的为祖国的现代化建设服务的学习目的。要把所学专业知识积极与社会实践相结合，把从书本学来的间接经验通过社会实践转变为自己的完全的知识。对待工作，要在充分调查研究、掌握大量的第一手材料的基础上，通过理性加工而后制订工作计划。在将计划付诸实践的过程中，要严格精确，一丝不苟，讲求实效。对待生活，要勇于面对现实，善于接受现实和改造现实。在处理人际关系时，要以诚相待，信守诺言。在遇到困难时，能正视现实，并积极地寻求解决困难的办法，而不悲观气馁。在事业成功的时候，既要看到成绩，又要发现存在的不足，不盲目乐观、高傲自大。

2. 坚持真理

真理是客观事物及其规律在人们头脑中的正确反映。真理是客观存在的，但认识真理却有一个过程。因为在事物的发展进程中，真理有时并不一定为大家普遍接受。因此，坚持真理常常需要付出巨大的代价，但这是一种高尚的代价。坚持真理，敢于同错误的行为作斗争，这是实现求真、务实人生态度的一个不可缺少方面。我们不仅要从实际出发，探求真理，同时还要将真理积极地付诸实践。当然，坚持真理并不等于抱住原有的观点不放，僵持"真理"，而应该在自己的实践活动中敢于和善于发现真理。

3. 勇于修正错误

认识和改造世界中的人们，都是具体历史条件下的人，在他们认识事物的过程中，也常常出现偏差、发生错误，这是非常正常的事实。面对这种错误，是自以为是，掩盖错误，还是敢于尊重事实，及时承认错误和修正错误呢？这是区别不同人生态度的试金石。持求真务实人生态度的人，因为有着高尚的人生目的，他们的生命不是为一己私利而存在，所以，他们能无私无畏，知错就改。而以个人利益的满足作为人生的最大追求，斤斤计较个人得失的人，往往为了个人的名誉和利益，不愿意面对现实和承认错误，也就不可能树立求真务实的人生态度，这种人的一生只能是灰暗的。

（二）开拓创新

人类社会的发展史，是一部人类社会不断拓展和更新的历史，也就是一部开拓创新史。开拓创新是推动人类社会向前发展的动力。当今世界正处在一个政治、经济格局发生变革，科学技术飞速发展的时代，开拓创新的精神仍将显示它的强大生命力。中国现在正处在一个建设社会主义现代化的新的历史时期，我们要走前人没有走过的路，因此更需要开拓创新的精神。树立开拓创新的人生态度，是时代的需要，是事物发展的客观要求。

什么是开拓创新呢？开拓，是对新的事业、新的领域的开辟、扩充；创新则是否定旧的、缺乏生命力的东西，创造出充满生机和活力的新的东西。当代大学生怎样才能树立起开拓创新的人生态度呢？

1. 积累较雄厚的知识基础

事物向前的发展过程不是简单地重复过去的一切，而是螺旋式的不断上升的发展过程。要实现在原有事物基础上的开拓与创新，必须全面掌握已有的科学知识，只有在这个基础上，才谈得上对原有事物的开拓与创新；

否则，只能是对原有事物的简单的数量增减或场所的变更，即还是量变的范围，没有实现产生新事物的质变。当代大学生要利用大学学习的大好时光，以忘我的态度学习和掌握现有的科学文化知识，掌握现代科学的思想方法，钻研现代化所要求的合理知识结构，并且要积极参加改革的实践和了解国情、民情。

2. 敢于质疑

质疑，就是提出疑问。在掌握了一定的科学文化知识之后，不论是在学习过程中，还是在工作和其他活动中，都要解放思想，对有疑问的理论、技术成果要敢于提出质疑，就是在权威面前也不要盲从，要敢于讲真话，提出自己的见解。当然，对待质疑我们必须抱着严肃认真的态度，是基于事实而不是基于情感等其他的因素。因此，不能搞盲目否定。

3. 矢志不移，积极实践

质疑仅仅是提出了问题，但要达到对人类社会起开拓创新的进步作用，还必须要解决问题。而要解决问题，则离不开深入实践，刻苦探求。实践出真知，只有通过实践才能解决质疑时提出的问题，验证质疑是否正确。同时，也只有在实践中，才能开拓认识的领域，提出新的质疑。离开了实践，再美的设想都只能是空想，永远也不会成为推动社会向前发展的物质力量。大学生们求知欲强，有着强烈的求新、创新的愿望，那么要使这种愿望成为现实，也只有通过实践，才能把所学的书本知识变成活的、有用的东西，才能看到自己在认识世界中的位置，找到自己为社会进步而进行的开拓、创新的最佳渠道。明确目标，始终如一，参与实践，这是开拓创新的必经途径。

（三）乐观进取

所谓乐观的人生态度，就是对事业、前途充满希望和信心，无论在怎样艰难困苦的情况下，都不灰心、不气馁、不悲观、不动摇，始终充满胜利的信心，保持旺盛的斗志。这种乐观的人生态度，不是盲目乐观，而是基于对社会历史发展规律的科学认识及对人民群众创造力的坚定信念。所谓进取的人生态度，就是人类或个人为了生存和发展所奉行的一种勇敢前进，不避艰险，百折不挠，不达理想决不罢休的信念，表现为极强的自信心、意志力和征服力的人生态度。这种进取性的人生态度也是以高尚的人生目的为后盾的。

那么当代大学生怎样才能树立起乐观进取的人生态度呢？

1. 树立科学的人生理想

如前所述，一个人的理想，就像前进路上的一座灯塔，照亮跋涉者前进的道路。这座灯塔可以给人在迷路时以指引，在挫折时以激励。一个怀着为人类的进步事业而献身理想的人，可以克服前进道路上最大的困难，不为暂时的挫折所动摇，始终能保持乐观、进取的人生态度。伟大的共产主义战士李大钊面对敌人绞索坚定地说："不能因为你们今天绞死了我，就绞死了共产主义。"他正是有了共产主义伟大理想的精神支柱，才视死如归，从容就义。著名作家丁玲也说："人，只要有信念，有所追求，什么艰苦都能忍受，什么环境也都能适应。"正是因为她有坚定的理想和信念，造就了她的乐观、进取的人生态度。

2. 炼就自信自强的心理品质

理想是人生的总导向，而心理品质则是实现人生理想的重要基石。科学的理想只有与健康的心理品质和谐一致，相得益彰，才能保证乐观、进取的人生态度的形成。一个人活在世界上，要相信和依靠社会及他人的力量，同时，也要相信和依靠自己的力量，不相信自己力量的人注定一事无成。古往今来，但凡有成就的人，无不是在一定社会条件下，通过自己辛勤努力而获得成功的。然而，自暴自弃的人，无论是在多么优越的社会条件下，都只能碌碌无为。只有自强不息的人，才能创造壮美的人生。乐观进取的人生态度需要自信自强的心理基石。

3. 磨炼坚忍不拔的意志

远大的理想和自信的心理品质，还不是乐观进取人生态度的全部内容，要使理想最终实现，还必须有克服实现理想过程中的困难、挫折的坚忍不拔的意志。在现实生活中，常见不少青年人有自信心，也有宏伟的抱负和理想，但能走进成功的殿堂者却为数甚少。究其原因，除了客观原因之外，一个重要的主观原因是经受不住挫折和不幸的打击。因此，努力培养坚忍不拔的意志是大学生们树立乐观进取的人生态度的一项重要内容。

第五节　大学生成才的战略导向

毛泽东说过："初战的计划必须是全战役的计划的有机的序幕，没有好的全战役计划，绝不能有真正好的第一仗。"处于黄金时期的大学生，怎样认识时代？怎样确立目标？如何拉开序幕？如何迎接第一仗？这是大学生成才的全战役的基础，需要认真对待。

一、成才的时代导向

（一）当今世界的主题

1. 时代是成才的土壤

人才总是时代的人才，这一历史唯物论的观点包含两方面的内容：一是所有的人才都是一定历史时期、特定社会背景中的人才，没有超时代的人才；二是不论什么样的人才，都是在其所处的时代，即社会环境下孕育和成长的，没有脱离社会、脱离生活条件而成长的人才，人才的社会性、时代性这一本质属性，决定着人才幼苗离不开时代这块土壤。时代的需求，时代的孕育，时代的冶炼，是人才成长的客观基础；而时代的变革，时代的趋向，又是人才成长的战略导向。人才幼苗要扎根土壤，适应土壤，吸取土壤中的养分才能苗壮成长；人才成长在植根时代的同时，还要展望和预测它的未来，获得超前的主动性，面向明日的世界，才能成为名副其实的现代人才。

2. 和平与发展是时代的主题

我们所处的时代是和平与发展的时代，和平与发展是当今世界的两大潮流。

所谓和平，是指全球的政局形势。当今世界的政治格局有着新的变化，它已经产生和正在产生多边形的政治联盟，以求大同而存小异的原则联合起来，团结一致，图谋各国、各地区、各联盟的利益，寻求更高的社会发展。①。

---

① 李忠杰，徐耀新，魏力. 社会主义改革 [M]. 北京：春秋出版社，1988.

和平的政局，促进了经济、科技、文化的全面发展，从而出现了与和平并存的世界发展主题。

所谓发展，是指世界的全面进步，特别是经济振兴，而经济的振兴又基于科学技术的进步。我国在经历改革开放后，经济实力获得快速提升，已跃升为世界第二大经济体，在不少领域已经接近或已站在世界发展的前沿。

发展这一时代主题，与和平主题相互促进，相辅相成，推动了全球政治、经济、科技、文化的全面发展，开辟了广阔的国际交往。特别是尖端科学技术的突飞猛进，使现代人成为宇宙人，人类历史达到一个决定性的转折点。

和平与发展的时代主题，为当代青年成才提供了最佳的机遇，也向未来人才素质提出了严峻的挑战。科学技术纵横交错，迅速发展；国际交往日益密切频繁，它要求人才具有高且远的见识、宽与深的胸怀、广和博的学问以及多学科综合研究与运用的能力。

（二）为振兴中华而立志成才

1. 沿着时代导向的轨迹前进

和平与发展既是时代的潮流，也是时代战略。从"潮流"看，它是趋势，是规律；从"战略"看，它是计划和策略。作为时代的主人，特别是代表着祖国未来的中国青年，遵循这一规律，服务这一策略，致力于振兴中华，富强祖国，沿着时代的轨迹前进，是时代赋予的历史使命。

和平与发展的时代主题，给我们提供了良好的机遇。和平与发展的国际大环境，为我国的建设提供了有利条件，促进我国事业的全面发展，当代青年人若能借助先进的科学技术，利用成功的国际经验，珍惜和平的政局环境，拼搏进取，急起直追，就能抓住机遇，振兴中华，追赶世界发达国家。

2. 立时代观念，做现代人

所谓时代观念，是指反映时代特征，适应时代需要，代表时代趋势的思想、观点和信念。时代观念可以列举出很多，这里仅就竞争观念、风险观念、信息观念和时效观念略加分析。

竞争观念，即相互争胜意识。它表现为好胜心和进取精神，勇于参加较量角逐，并力争在较量中获胜。这是与时代相适应的观念。特别是在商品经济条件下，它成为社会发展的思想动力，面对激烈竞争的现实社会，青年人要有强烈的竞争意识，敢比、敢拼、敢为人先，不做与世无争的平庸之辈。

风险观念与竞争观念相互制约，竞争会有胜负，竞争亦有成败。某种环境下的竞争要敢于担风险，敢于背水一战。没有风险观念，就会失去许多竞争机遇，以至于失去成功的幸福。那种安于现状、安心恬适的旧观念要舍弃。

信息观念是当今信息社会的反映，信息在人们生活中的作用和地位越来越被人们重视，它成为人们的精神财富和物质财富的源泉。现代人最重信息交流、信息处理、信息转换、信息储存、信息输出，那种闭目塞听、孤陋寡闻的人适应不了当今的时代。

时效观念即时间观念和效率观念，这是适应高效率社会的需要。值此瞬息即变、一日千里的腾飞时代，人们已深深地感受到：时间就是效益，时间就是胜利，时间就是生命。与时间观念紧密联系的是效率观念，效率观念是指做一切事情（包括学习）讲究功效、注意效率。即投放少，成果多，事半功倍，提高单位时间的使用价值。时与效是互补的，时间可带来效率，效率能延长时间。树立时效观念将使我们生活得更科学，更充实，更有成就。

只有培养时代观念才能做现代人，争做现代人是大学生接受时代导向的具体行动。

二、成才的目标导向

（一）目标与目标管理

1. 目标及目标管理的含义

目标即人们所期望达到的一种境界和标准，它是人们行为的最终目的，也是激励人们的有形的、可以测量的成功标准。成才活动是人们的有目的、有意识的活动。在时代的导向下，我们的成才动机一经确立，就必须有一个明确的目标。正确的成才目标就像一座闪光的灯塔，照亮人们的成才之路。

目标管理是为实现一个系统的目标而进行的诸如组织，协调等的实践活动。这是一个源于企业管理的概念，但它的思想内涵目前已被其他许多方面的管理工作所采纳。同样，目标管理的思想在促使大学生尽快成才的实践中也是不无作用的，具体包括以下四个方面。

第一，目标管理可以使学校始终明确自己的办学目标，并有意识地尽可能调动广大教职工，尤其是作为成才主体的大学生的学习积极性。

第二，目标管理可以使大学生高效率地优化自己的知识结构。大学生处于知识急剧增加、门类分化愈来愈快的时代，盲目被动地接受方式是不符合现代的学习规律的，而必须紧扣自己的成才目标进行有选择、有目的、有主次地学习，才能达到优质高效的目的。

第三，目标管理可以焕发大学生的学习热情。科学的成才目标的制定是一种潜在的动力，吸引人去追求和探索。

第四，目标管理有利于实现学校与学生在实现目标中的和谐统一，学校培养目标的最终实现是建立在每个学生成才实践的基础上的。这种目标的同一性可以促使学校和学生双方在为实现目标而采取的行动中更自觉地配合与协调。

2. 目标导向行动

目标导向行动是为实现目标而进行的准备活动，是实现目标所不可逾越的过程。而目标导向行动的难易又直接影响到目标能否实现，因此，它的可行性是设立目标时必须认真考虑的。目标导向行动时期是一个为实现目标打下知识基础和提高各方面素质的时期。黄金时期的大学阶段是大学生成才的目标导向行动阶段，它将制约着成才目标的实现，对大学生而言，大学期间不可忽视，不得松懈。

（二）全面发展的大学培养目标

高等学校的培养目标就在于使学生在德、智、体诸方面得到和谐健康的全面发展，具体包括以下几个方面的内容。

德，即指一个人的政治品质、思想品质和道德品质的总和。政治品质是一个人的政治观点、态度和行为的统一，表现为坚决拥护党的领导和中国特色社会主义制度等。思想品质是个人的思想觉悟水平、世界观和人生观等，要求树立辩证唯物主义和历史唯物主义的世界观。道德品质指一个人的道德意识和道德行为，要求以高尚的情操处理国家、集体、个人之间的关系。

智，即一个人的知识和能力的总称。它是人才成长的基石。要求练就科学的求知方法，掌握求知规律，以建造适合自身成才目标需要的知识结构，同时，还要注意培养自己的各种能力。

体，即一个人的体魄。不仅要有强壮的身体，而且要掌握科学的锻炼方法，养成良好的体育卫生习惯。

德、智、体三者既相互联系又相互依赖，辩证地统一于全面发展的目标之中。一般说来，德是灵魂，智是关键，体是基础。在这三者的关系中，尤应处理好德与智及德智与体的关系。

德是智的统帅、方向。德育能养成人们正确的政治观点、世界观、道德品质，这将给人们学习科学知识和锻炼能力提供正确的政治方向、思想方法和学习动力。智育在于给人们自然、社会、思维等方面的科学知识和能力，而要掌握这些知识和能力，就要正确处理好与自然、社会和他人之间的关系，这就同时锻炼了个人的品德行为，而品德的形成需要有一定的科学知识和生活经验为基础。可见，德育与智育相互包含，相互作用，不可割裂。

体育之于德育和智育则是条件和物质基础，且体育活动的过程又有助于德与智素质的提高。毛泽东曾经说过："体育一道，配德育与智育，而德、智皆寄于体，无体是无德智也……体者，为知识之载而为道德之寓者也，其载知识也如车，其寓道德也如舍。"这就形象地说明了体与德、智的关系。

（三）个体成才目标导向

1. 个体成才目标设计

确立什么样的目标，怎样确立目标，这是每一个大学生成才设计的前提。高尔基曾经说过："一个人追求的目标越高，他的才能就发展得越快，对社会就越有益。"而摩尔根则说："不要把目标定得太高，太高则近乎妄想。"这两种看似矛盾的说法辩证地统一于行为科学的动力公式中：成才动力 = 目标期望值×实现概率。也即：目标期望值 = 成才动力/实现概率。

可见，我们所设目标的高低要充分考虑实现概率与动力的制约作用，以期有足够的动力去实现可以实现的尽可能高的目标。

　　在确立具体的成才目标时，需要遵循以下基本原则：第一，目标设计要造福人类。为人民、为民族、为社会造福，应是每个人才的崇高目标。第二，目标设计要考虑社会需要。人是社会的人、历史的人，人生活在一定的社会之中，社会需要制约着人的发展，人的成才目标不能脱离社会现实，满足社会需要的成才目标易于被社会所接受。第三，目标选择要发挥优势。个人的才能有劣势和优势两方面。第四，设计的目标要专一。一个人的精力总是有限的，只有集中精力于一役才容易取得成功。总之，成才目标的设计，一定要在正确的目标动机指导下，以社会需要为基础，综合考虑社会、个人的主客观条件，分析客观条件之利弊、主观条件之长短，确立自己的成才目标。

　　确立成才目标的具体方法较多，列举数法供参考：第一，专业同步法。指结合自己所学的专业设计成才目标，这使成才目标与将要从事的工作紧密结合，同步进行，是适合大学生设计成才目标的主要方法。第二，结合点突破法。即在自己所熟悉的两门或多门学科之间寻找有价值的结合点进行研究的方法。第三，兴趣发现法。这是指在社会需要的前提下沿着自己的最佳兴趣方向发展的方法。第四，求师指点法。指依靠师长的指点确定成才目标。第五，机遇追踪法。即认真注意自己业务范围内或相关学科的发展动态，一旦碰到创造发现的机遇，就跟踪深入，抓住不放，不达到目的不罢休。

　　2. 认真把握阶梯原则

　　实现目标需要一个过程，不能一蹴而就。首先需把最终目标分为若干阶段性目标。然后，由不断实现每一个阶段性目标而达到最终目标的实现，这就是实现目标过程中的"阶梯原则"。在实践中贯彻阶梯原则，要注意以下几个方面：第一，把成才过程当作一个系统来看待，将实现目标的过程分解为若干阶段，一个阶段性目标成为总目标的有机组成部分。在完成每一个阶段性目标时，对总体目标要有一个不断清晰的了解。第二，在总体目标逐渐明朗化时，要了解每个阶段性目标之间的内在联系。第三，要注意使每个阶段的知识和能力的培养同这个阶段的目标层次相对应。

　　贯彻阶梯原则而获得成功的例子，在人才的成长史上是多见的，英国自学成才的科学家道尔顿，第一步通过自学成为一位中学教师；第二步，在中学教师的岗位上继续自学，有所发现，写出了色盲问题的学术论文；第三步，继续坚持自学，研究出"原子学说"，以杰出的贡献跻身于世界著名科学家的行列。

3. 自我目标的动态调节

在实现目标的具体实践活动中，还必须实行目标的动态调节，即根据社会环境和个人情况的变化而调整原定目标。动态调节目标的原因多种多样，例如：发现原来认识的失误，选择的目标并非自身的优势所在；在实现过程中，发现更有意义的目标；社会需要情况的变化，迫使自己改变目标方向；等等。

不失时机，果断决策进行目标调节而获得成就的先例很多。我国著名女高音歌唱家朱逢博，原来是学建筑专业的，在一次业余演唱中，她显露了特殊的声乐方面的才能。有人劝她改行，她欣然采纳，"半路出家"，获得极大的成功。不过，值得注意的是，在进行目标调节时，应慎重行事，切不可朝秦暮楚，挑剔不定，否则会贻误自己成才的时机。

第六节　和谐教育体系下的高考改革

高考作为全国性的人才选拔考试，自 20 世纪 50 年代实行以来，已为国家、社会输送了一大批社会主义现代化建设的栋梁之才，其历史地位和社会意义是毋庸置疑的。然而，在当代社会对人才进行个性化、多元价值审视的大趋势下，高考受到越来越多的质疑。高考到底应该以一种什么样的方式来对人才进行科学测评？我国的教育，特别是基础教育应该怎样来看待高考与人才培养的关系？高考在当代的教育体系中应该置于何种地位？面对这一系列的问题，我们教育工作者，乃至全社会都应该深入、冷静地思考与探讨，并寻求解决之策。

一、高考制度对基础教育体系的影响

从考试的功能而言，高考只是实现中学教育与高等教育相衔接的一种考试形式。但由于受社会选才观念的影响，人们在人才评价方面对学历、

文凭的过分看重，以及自主择业、创业等现实环境欠缺等问题的存在，导致社会对人才的评价更多地集中于学历、文凭的衡量。能否上大学、上什么样的大学就成了评价其能否成才的重要标准，而决定着能否上大学、上什么样的大学的高考成绩则自然变成了这一评价体系中最重要的指标或唯一依据。这样，追求高考高分数就成为中小学教学或教育的最高或终极目标，高考作为引导中学教育的指挥棒，就必然异化为引导社会进行教育投资的最高追求，成为人们期望成才的唯一出路。

（一）高考的人才选拔功能成为人们接受教育的价值风向标

高考作为我国人才选拔的直接手段，肩负着为国选才的重任，在很大程度上决定了一个人能否接受高等教育，能否获取更丰富的科学文化知识，进而得到更好的就业机会，其精神价值和经济价值不言而喻。正因为如此，高考作为一种特殊的人才选拔模式，直接影响着人们对教育的价值评判。不少学校、学生和家长总是用能否考上大学、考上什么样的大学作为衡量中学教育质量好坏的标准，从中学的人才培养模式、开设课程、管理机制，到学生参加的课外辅导、家长用心良苦的培养方案，无不以高考的测评标准为导向。

（二）高考试题的权威性成为中学课程教学内容的权威与重要导向

高考作为选拔性考试，其考试方向已经成为我国高中教学最有效、最权威的导向。一方面，高考成绩是学校教学成效的方向标，而与此相适应的教学质量的好坏在很大程度上则取决于学校对高考试题的把握程度，即学校教学过程中所训练的考生的应试能力；另一方面，对于学生来说，中学阶段只要围绕高考的考试大纲和高考试题进行学习，充分地把握高考的试题范围及其内容，通过大量刷题，就能在高考中取得高分。

（三）高考升学率成为人们衡量中学教育质量的重要标准

望子成龙是每一位家长让孩子接受教育的直接动力，通过高考实现金榜题名是学生和家长梦寐以求的目标。在这样的指导思想下，高考升学率高，每年被重点大学录取人数多的中学就自然而然地成了许多学生就读的首选学校，对他们来说选择这样的中学就等于选择了高升学率。追求高考升学率也自然地成了学校之间激烈乃至残酷竞争的一个重要的潜规则，甚至成为不少基层教育行政部门管理学校的一个不可或缺的硬指标。

（四）高考强大的辐射功能成为影响教育事业发展的热点和焦点

高考涉及每个学生和家长的切身利益，这就导致高考不仅引起考生及其家庭高度关注，也成为整个社会关注的焦点。特别是近年来，媒体在高考的不断升温中发挥了越来越突出的舆论导向甚至是炒作的作用。高考制度本身的利弊得失，招生政策的调整，试题的难易程度，考试环境是否有利于考生成绩的发挥，录取过程是否公开透明，录取结果是否公平公正等问题，都是考生、家长和社会关心的热门话题。一旦高考中哪个环节出了问题，就会对整个招生考试工作和教育工作造成不同程度的影响。如 2000 年湖南嘉禾事件、2003 年四川南部事件等都成为当时全社会关注的焦点，同时也引起了各级教育行政部门的高度关注，甚至在海外也造成了不良影响。

二、现行高考制度的主要弊端

高考制度在新中国的教育史上写下了光辉的一页，为高等学校公正选拔学生做出了卓越的贡献，功不可没。随着这一制度的不断发展，特别是改革开放以后，我国的教育事业取得了巨大发展。在这一过程中，人们对于高考的思考也越来越多，特别是对于高考存在的不足有着不同的看法。目前我们高考制度存在的不足主要体现在以下四个方面。

（一）高考内容局限性与人才素质多样性的矛盾

社会发展需要多方面的人才，人才本来就各有其长。如何充分挖掘个体的才能，并使之能满足社会对人才越来越层次化、多样化的需求，是教育与考试管理机构不可推卸的社会责任。而目前高考采取统一的考试方式，导致高考内容被限制在相当狭窄的范围之内，这实际上就会在一定程度上无视乃至否定人才培养的多样性，导致有潜质、有个性的特殊之才因不能在高考中考出好成绩而被高校拒之门外。现行高校招生考试这种选拔方式对高等教育的发展产生直接的负面影响。"在进一步教育道路上，也导致各高校失去了原材料采购权，也影响到高校能否办出自身的特色。"①

（二）高考时间一次性与考生发挥不稳定性的矛盾

这种矛盾从实质上讲还是统一考试制度体现出来的矛盾。众所周知，

---

① 顾海兵. 中国高考制度的反思［M］//胡坚. 世纪大讲堂：第 2 辑. 沈阳：辽宁人民出版社，2002.

现在人们将一年中高考的月份称为黑色月份。"一年一次的全国统一考试被许多的考生视为生死之关",他们因为不能很好地面对和释放心中的压力,导致考试发挥失常而痛失升学机会。而这些失利的学生大部分又投身"复读大军"。从客观上讲,"复读大军"的产生既是对教育资源的浪费,又给下一年度的考试造成了沉重的负担与客观上的不平等。一次考试决定一个人一生的命运,这其中不仅仅在知识点和能力考查方面难以保证准确与科学,而且在心理素质的准备上也存在着不可避免的个体差异。因此,对一个人知识、能力、素质的考核客观上需要多次多方位的考查,但现实一年一次的高考制度又无法实现。

(三) 高考考试标准的量化要求与综合素质难以量化的矛盾

高校仅根据统一考试的成绩来选拔并确定培养对象无疑是很不科学的。就目前而言,我们的高考试题仍偏重于考查考生知识结构中的基础知识,虽然近年十分重视并强调能力考查,但在高考中的体现仍只局限于考查解决笔试中问题的能力,而无法考查考生的实践能力、创新能力,这样的考试也导致考生死记硬背,而书本知识又仅局限于书本知识的记忆,片面培养应试能力导致对学生综合能力发展的忽视乃至放弃。我们认为一个人的综合素质常常是无法通过一次有局限性的书面考试来测量的,更何况这个书面考试以简单的考试分数来评价一个学生,肯定会与人才发展的多样性以及有些素质和能力无法量化的实际情况形成尖锐的矛盾,从而让一些有培养和发展前途的考生失去接受高等教育的机会。

(四) 高考招生计划的指令性与高考考生升学需求不确定性的矛盾

自恢复高考制度以后,考生人数呈现出年年攀升的态势,录取率也十分不稳定,这直接影响到考生上大学的机会。高考招生计划的指令性与高考考生升学需求不确定性的矛盾主要表现为:第一,年度不同,录取比例存在差异,同一层次的学生因为年份不同可能存在是否能上大学的区别,造成了年度之间的不平等;第二,不同省市因为招生计划和考生人数的不同,录取比例存在明显的差异,这实际上造成了地域之间的不平等;第三,全国统一的指令性计划很难完全适应各省市之间的差异情况,其中经济环境、就业状况、专业需求等都存在差异,统一的指令性计划,特别是高职高专类计划很难适应地区之间的不同情况,这不利于提高各地区的积极性与考生就业的适应性。2007—2009 年是适龄考生人数的高峰时期，又是国家控制招生规模的时期。对于像湖南这样的生源大省，会有更多的考生面临失去接受高等教育的机会。怎样保证这些适龄考生能有接受高等教育的机会，不仅仅关乎一代人的素质问题，也关乎社会的稳定和国家的长治久安。

三、改革高考制度的目标追求

有效地实施高考改革是历史赋予我们的责任。找寻适应高校选拔人才和国家后备人才培养的制度和方式是国家实现和谐、协调发展的必不可少的条件。在探索高考改革的过程中，必须明确以下四个方面的改革目标。

（一）实现高考标准统一性与人才素质多样性的统一

"教育活动个体本位的价值取向认为个体的价值高于社会的价值。""评价教育的价值也应当以其对个人的发展所起的作用来衡量。"① 随着全国中、高等教育改革的不断深入，高考需要有效地调节教与考、供与求、一与多的关系，切实理顺统一与自主的关系，形成符合中、高两级教育改革新要求的结构与功能，这就势必在现行改革的基础上进一步打破大一统格局，以多样化发展为价值取向，建立统分结合的高考新模式。

（二）实现高考录取社会统一性与高校招生自主性的统一

高校要实行政府宏观管理，学校向社会负责、依法办学的模式，在招生录取过程中要执行公开、透明的制度与规则，并有切实可行的公平、公正的操作程序，招生录取应遵循全国统一的原则。在招生工作的微观方面，必须逐步扩大高校招生的自主权，这种自主权当然是建立在高校的社会责任、自我约束、公平诚信基础之上的，从而在全社会接受教育平等、自主理念的大环境下，高校能有效地建构面向个体选才和因材施教的和谐教育体系。

（三）实现高考形式多样化与人才选拔公正性的统一

我国高等教育已从精英教育阶段迈入了大众化教育阶段。高等教育强调对学生的通识教育，特别重视人文、社会科学与自然科学的和谐发展，

---

① 孙俊三. 教育原理［M］. 长沙：中南大学出版社，2001.

这就需要解决素质教育与应试教育之间的矛盾，而高考则是解决这一矛盾的关键。为此，高考改革中必须对人才的多样性予以充分考虑，并建立起与之相适应的多样化的选拔考评方式。由于高考是一项为全社会所高度关注的选拔性考试，因此在建立高考选拔方式多样化的同时，必须努力探索多样性中的统一性，这种统一性主要体现在制度、规则、程序等层面上，其目标是保证高考的公正性。因此，进行科学合理的立法，倡导社会诚信，并构建与之相适应的诚信道德体系就显得尤为必要。

（四）实现考试公平与促进教育公平的统一

教育公平包括教育资源公平、考试公平以及招生录取公平等方面。高考是考评选拔学生的重要手段，考试公平涉及每一个学生的利益。同等的学习过程与结果，只有在同等标准与制度下予以考评才能最终在教育中达到公平，考试公平是教育公平最直接的体现。但是，由于经济社会发展不平衡等原因，导致我国教育资源在地域之间（西部与东部、重点城市与非重点城市、农村与城市）、重点学校和普通学校之间分布不均的现象普遍存在，甚至差距越来越大，难以在基础上和起点上保证全国学生在接受教育时获得同等条件，这就使得我国的教育整体存在一定的不公平现象。因此，需要不断调整和改革现行的考试招生制度，使高考公平成为实现教育相对公平的重要手段之一。

四、改革高考制度的措施

高考改革是一个复杂而艰巨的系统工程。在我国，高考制度从20世纪50年代初开始实行直到今天，不同形式、不同程度、不同方案与构想的改革从未停止过。但这些过程总是体现出一统就死、一放就乱的局面。因此，要找出既适合我国国情，又保证统一、科学的考试制度，重点应在操作层面上有所突破。为此，以下几个方面的工作值得重视。

（一）高考实施主体多元化

目前，中国已经形成了学科门类比较齐全、规模较大、分布比较广泛的高等教育格局，也出现了一些水平较高的高校。在这种教育环境下，过分统一的考试办法已无法适应当今新形势的要求，可以逐渐采取考试主体由国家统一考试向国家考试与地区考试、学校考试相结合的方向转变的办法，允许一部分高校承认国家统一考试的成绩，一部分高校承认分省份或地区考试的成绩，允许一部分学校自主进行考试确定成绩，实现考试主体由单一的国家主体向国家、地区和学校三个主体相结合的转变，以促进高考主体多元化。

（二）高考形式多样化

与高考实施主体多元化相适应，可以实现考试形式的多样化选择，使单一的考试形式变成适应人才选拔和培养的多样化方式。在传统的全国统考的基础上实现全国统一考试与分省考试、分校考试相结合，将单一的一次笔试变为笔试和面试、综合测试、平时成绩、特长成绩及能力考察和专家推荐相结合的办法，从而使单一呆板的统考形式变成在统一要求下的形式多样、科学灵活的考试模式。与此同时，也允许将一部分有特长的学生录入到特殊学校和特殊专业进行学习，并把这部分特殊学生的录取主动权下放给学校，使学校有机会接受社会监督，考生则有机会充分表现自身特点、性向和潜力，真正实现不拘一格选人才的高考改革目标。

（三）高考功能科学化

高考作为大学选拔优秀合格新生的考试，其首要功能是要科学合理地对学生予以测评：一方面要求考试内容能科学、合理地安排并真实地反映学生的实际情况，另一方面要求科学地运用考试结果。与考试主体多元化、考试形式多样化相适应的考试功能，必须建立在教育测量学基础上对应试者潜质或个性、特长进行科学评价。同时，高校在录取新生时，必须科学地使用这些考评结果。比如，高考能够实现一年多次，每个学生也可以参加一年或多年的多次考试，每一次的考试成绩都可以作为学校录取的依据，等等。高校录取新生时，必须成立与之相适应的有各方面专家参加的录取领导小组，集体确定规则、程序和录取名单，并进行公示，以接受社会监督。

（四）高考时间常规化

高考时间的常规化必须建立在考试形式多样化的基础之上。由于现行高考实行全国统一考试，统一的试卷（已有部分省市区自主命题）、统一的时间、统一的考场，考生不可能在时间上有任何的选择余地。考试时间常规化可以实现确定时间考试和不确定时间考试相结合的办法。与中学课程教学安排相适应，可以研究在规定的固定时间考试，使绝大部分学生能统一参加这些考试。同时，不确定时间考试，既能为一些发挥失常而又潜质特别的考生提供多次考试机会，又能照顾到一些有特殊要求的高校招生常态化的需求。这样，可以克服"一次考试"失常的缺陷，让学生有更多的机会考出自己的真实水平。

高考作为中学教育与高等教育的分界点，其作用已经不仅仅是对人才的考评与选拔，还关系到中学教育的发展方向与高等教育人才培养目标的合理衔接，并使人才培养体现出连贯性；科学合理的考试制度必将是促进和谐教育体系形成与完善的重要手段。因此，我们讨论高考，不仅是讨论其存废问题，而是在总结历史经验的基础上，探讨如何科学有效地发挥高考的功能和作用，突显其教育评价功能，从而能有效地促进教育体系朝着和谐的方向发展。

第七节　立德树人：高考命题的核心立场与根本追求

"人以德立，邦以德兴。"党的十八大报告指出："把立德树人作为教育的根本任务，培养德智体美全面发展的社会主义建设者和接班人。"这既是对"坚持育人为本、德育为先"教育理念的深化，也指明了今后教育改革发展的方向，即"培养什么人、怎样培养人、为谁培养人"。党的十九大，习近平总书记又在大会报告中特别指出，"要提高人民的道德水准，加强思想道德建设，培育和践行社会主义核心价值观"，再一次强调了"立德"的重要性。

"立德树人"体现了"立德"和"树人"的辩证关系：树人之道，立德为先；立德是为了树人。笔者认为，在中国特色社会主义新时代，"德"是以社会主义核心价值观为引领，囊括了中华民族优秀传统美德、社会主义道德等；立德树人，就是指教育事业不仅要传授知识、培养能力，还要把社会主义核心价值体系融入国民教育体系之中，引导学生树立正确的世界观、人生观、价值观。

一、高考命题贯彻"立德树人"的必要性

高考命题贯彻"立德树人"的基本理念，不是当下高考改革的权宜之计，而是由教育的内在规律决定的，它是人才培养与选拔的必然要求。

（一）人才培养的应有之义

"立德树人"观点的提出，是对"人德共生"教育传统的创造性继承和创新性发展。从中国古代开始，人们就十分强调"人"对"德"的体悟以及"德"对"人"的完善。"教"和"育"两字在《说文解字》中的解释是："教，上所施，下所效也；育，养子使作善也。"可见，人们都认为，"善"就是教育的内在构成；如果教育缺少了道德规范的学习，则很难被称为"教育"。

德国教育学家赫尔巴特也曾直言："教育的唯一工作和全部工作可以总结在道德这一概念中，道德普遍地被认为是人类的最高目的，因此也是教育的最高目的。"可见，他认为传授知识和发展理智的最终目的应该是培养人善良的道德品质。苏联教育家苏霍姆林斯基也认为，学校要实现人的个性和谐全面发展，培养真正的人，培养社会进步的积极参与者，"在这个和谐中起决定作用的、主导的成分就是道德，和谐全面发展的核心是高尚的道德"。

当然，在不同时期和不同性质的社会中，"德"的内涵和作用是不同的，其概念也历经了数种变化。我国古人认为的"德"多指的是"忠孝仁义"等个人至善的私德，其政治风格浓郁，与国家意志密不可分。但当下的"立德树人"，强调的则是社会主义核心价值观的养成，因为它是当代中国精神的集中体现，凝结着全体中国人民共同的价值追求。

然而，不管时代如何变迁，教育始终若明若暗地贯彻着"一根红线"——以"德育"为引领。从本质上讲，教育就是一种道德实践，道德目的总是内嵌于教育本身。

（二）对"应试教育"和"知识本位"的纠偏

知识本位观兴起于欧洲文艺复兴时期，它主张"知识就是力量"，"对一切人授予一切知识的教育"。在我国，知识本位教育主要是指以教科书上成体系的学科知识作为主要教育目的或唯一教育目的的教育教学模式，它

讲究知识的系统性、逻辑性、客观性、传承性。在教学方式上，知识本位教育比较偏重分科教学，以教师讲授、学生练习为主，主张教师和教科书在教学过程中具有权威地位；在教育目的上，强调学生记住教科书中罗列的知识重点和难点；在教育评价上，往往只关心学生的学业成绩，主张知识是测定学习效果的唯一途径。由于它过分追求知识的系统化和全面化，过分拘泥于学科本身的发展逻辑去选择知识，不仅造成教育内容的"繁、难、偏、旧"，还容易忽视学生在教育过程中的主体性和个体实际需求，于是，教学活动沦为对学生知识记忆的训练活动，教育的生命意义和伦理价值被遮蔽了。在这种大背景下，"应试教育"就应运而生了，人们不按教育规律办事，不严格按照国家制定的课程标准进行教学，不重视学生的全面发展，不注意学生的身心健康和心理需求，而是以考试升学为中心，沉溺于题海战术和反复训练，把本来具有多元化目标的教育活动，窄化成"为考试而教""为考试而学"的功利化教育行为。

为了扭转知识本位和教育的"应试化"，20 世纪八九十年代我国开始提倡素质教育，多年以来也取得了一定成效，但还有相当一部分学校举着"素质教育"大旗，行的却是"应试教育"的老套路。比如，排课表上显示的是体育课、音乐课、美术课，在实际课堂上，却被语文课、数学课、外语课等给占用了；一方面大力倡导学生素质提升，一方面又频繁举行模拟考试，在学校显要位置张贴成绩排名表，并在班级按照学生成绩排名来安排座位，等等。在这种教育模式下，学生的分数也许高了，但其道德水准却不一定同步发展，甚至被彻底忽视。

为了克服传统教育的弊端和当下教育实践中存在的突出问题，我国于2014 年启动新一轮考试招生制度改革，高校招生实施"两依据一参考"的多元评价方式，即不再以分数为唯一标准，而是依据学生统一高考成绩、高中学业水平考试成绩，参考高中学生综合素质评价结果来选拔人才。它倡导的是分类考试、综合评价、多元录取的招考模式，旨在打破分数至上、考试至上的固有观念，强调学生素养的多元性、能力的多样性，力图对"应试教育"和"知识本位"进行纠偏，真正发挥考试反拨、促进教学的功能。

（三）人才选拔的必然要求

在教育活动中，考试既是动力机制、评价手段，也是育人手段，兼具导向功能。高考以国家意志为指向，以社会价值尺度为标准，以社会对人才的实际需求为依据，可以敦促教育按需设教、因需育才。高考同时也是合理利用人力资源推动社会发展的科学途径和方法，是实现社会千万人才纵向流动的重要途径，涉及了广大群众的切身利益。

高考的成就及对国家的贡献之大，用任何语言来赞美都不为过。1977年，高考恢复，数百万人参加了当年的考试，几十万人通过这次高考改变了命运。高考恢复四十多年来，为社会输送了几千万人才，为国家发展提供了充足的智力储备，奉献了一大批人力财富。高考虽然选拔了众多成就出色的人才，但这一终结性评价的缺点也逐渐暴露出来。高考对人才的选拔很长一段时间都推崇"主智主义"，认为考分高低、名次排列才是科学、公平的人才选拔标准。然而，这种"功利主义"的人才选拔方式有其成功之处，却很难识别一些成绩好但德行不佳的学生，容易滋生教育的"道德危机"。比如，不少人都认为高校选拔的"天之骄子"皆是德才兼备之人，但当"林森浩投毒案""药家鑫撞人刺死案""马加爵杀害同学案"等暴力事件屡屡发生时，人们猛然醒悟：高学历≠优人品。如果高考在选拔人才时不坚持以"立德树人"为导向，有才无德的学生即使学有所成，也容易受到错误价值观的误导，无法成为真正合格的"人"。于是，社会开始反思，高考应该选拔什么样的人。"高智商"和"好品德"之争又一次引发讨论，如何将"道德"的标准内置于人才选拔框架之中，实现以德取才，再次成为高考改革关注的一个重点。

二、高考命题贯彻"立德树人"的基本思路

2014年，随着《国务院关于深化考试招生制度改革的实施意见》的颁布，教育部考试中心开始探索构建"一体四层四翼"高考评价体系，从顶层设计上体现"立德树人"的立意，并认真回答高考"为什么考""考什么""怎么考"等关键性问题。毋庸置疑，这一顶层设计落实到高考命题上，还需进一步细化、实化、具体化，只有这样，才能使高考更好地担负起"立德树人"的重任。高考命题贯彻"立德树人"应遵循"一点三全"

的基本思路。

（一）"一点"："立德树人"要以社会主义核心价值观为基本点

立德树人，其中的"德"是规矩、精神，是一切真善美的东西。社会主义核心价值观倡导富强、民主、文明、和谐、自由、平等、公正、法治、爱国、敬业、诚信、友善，反映了社会主义核心价值体系的丰富内涵和实践要求，是社会主义核心价值体系的高度凝练和集中表达。社会主义核心价值观就是一种德，既是个人的德（爱国、敬业、诚信、友善），又是社会的德（自由、平等、公正、法治）、国家的德（富强、民主、文明、和谐）。可见，社会主义核心价值观不仅承载着一个民族、一个国家的精神追求，体现着一个社会评判是非曲直的价值标准，更反映了全国各族人民共同认同的价值观"最大公约数"，关乎国家前途命运，关乎人民幸福安康。这些重要观点，深刻阐明了社会主义核心价值观在贯彻"立德树人"中的战略性、基础性、全局性意义。可以说，立德树人的核心就是坚持社会主义核心价值观；在教育工作中落实立德树人根本任务，最基本的就是要践行社会主义核心价值观。

高考作为教育工作的重要环节，选拔出来的人不仅要有较高的知识、能力水平，更要具有"德"性；高考命题当然应以考查学生的"德"为重要目标，也就是要始终坚持以弘扬社会主义核心价值观为基本点开展命题工作。

（二）"全流程"：将"立德树人"贯穿高考命题的全过程

在高考命题中贯彻"立德树人"，就要有全局观，将"立德树人"理念渗透到与命题相关的每一个工作流程，尤其是以下三个环节。

首先，是考试大纲的制定。考试大纲明确了高考的性质和功能，规定了命题的目标与要求、内容和形式等，是高考命题的规范性文件和标准。在"立德树人"的时代强音下，制定科学、规范、符合时代要求的考试大纲，就是要以"立德树人"为重要取向与特征，贯彻立德树人任务要求，积极践行社会主义核心价值观。2017年教育部对高考考试大纲进行修订就印证了这一点："增加中华优秀传统文化的考核内容，积极培育和践行社会主义核心价值观，充分发挥高考命题的育人功能和积极导向作用。"可以说，这次考试大纲的修订，是对人才选拔需求的热情呼应，更是对"立德树人"的最佳诠释。

其次，是试题的命制。考试试题作为考试内容的载体和呈现形式，蕴含并集中体现了高考的检测导向。从传统经验与现实情况两方面来看，似乎以纸笔测试为主的高考难以评测考生的道德水平，"以德选材"与考试公平难以两全。这种看法实际上隐含着对高考功能理解和对道德认识的片面化。不难理解，个体道德心理主要包括道德认知、道德情感、道德行为三个方面，一个人只有具备深刻的道德认知，才能产生强烈的道德情感，自觉产生相应的道德行为。以纸笔测试为主的高考虽然无法对考生的道德行为直接进行考查，但如果试题设计得好，是完全可以比较全面、客观地考查学生的道德认知与道德情感水平的。当然，道德的考查相较于知识和能力的考查更具复杂性，也正是因为这一点，国家才提出了多元并举的考查方式，如推行综合素质评价等。除了人才选拔功能，高考命题对基础教育还能起到反拨的作用，能够引领基础教育的内容、价值导向，并间接影响社会风气。正是高考承载的历史使命，其试题的命制不仅要考查学生的知识和能力，还要把"立德树人"的理念尤其是社会主义核心价值观融入考试内容。

最后，是对评分标准的把控。《别笑，我是高考零分作文》一书中，所选的零分作文主要不是因为跑题或者没掌握写作技巧而导致的零分，多是由于愤世嫉俗、玩世不恭、批判、恶搞，有的甚至将矛头直接指向了高考本身。该书热销后，有人提出了反对意见，他们认为这些零分作文是很有才华的文章，而语文高考的目的是测试学生的语文水平和能力，并不是他的政治认识、立场、态度，这些零分作文应该重新判分。持这一观点的人显然没有看到，如果我们忽视了评分对"德"的要求，高考选拔出来的这些愤世嫉俗者、反社会人格者，会对社会造成多大的危害。前文提到的"林森浩投毒案""药家鑫撞人刺死案""马加爵杀害同学案"等就是强有力的例证。语文学科如此，其他学科也不能例外，只要缺乏"德"性，无论他的答题多有文采、逻辑有多严密，在评分上都要相应减分，甚至判为零分。当然，评分在注重"德"的基础上，还要注重科学性。1977年冬湖南高考零分作文变为满分就是评分兼顾了"德"与科学性的重要案例。这篇作文中对"文化大革命"的"每当北斗升起，我总是仰望着它，诉说着心底的不平""热血在周身沸腾，怒火在胸中燃烧"这样的字眼，从被认定为"发泄对社会的强烈不满"，到纠正为"说得好，字字见真情"，这是阅卷者基于当时的现实生活对文章作出的科学反思及界定。后来已成为中国著名文艺评论家的李元洛先生（当时阅卷组的负责人）曾经指出："甚至可以说，中国知识界的思想解放运动的第一场大冲突是肇始于对这一篇作文所表现出来的思考意义'肯定'与'否定'的判别。"

（三）"全学科"：各学科共同发力形成"立德树人"之整体，且不同学科各有侧重

有人认为，品德的考查主要应是思想政治学科的任务，别的课程实在要兼顾的话，也只有语文、文综等才有可能，理科试题只需考查知识和能力即可。这显然是一个认识误区。殊不知，每一门学科都肩负着立德树人的重任，每一学科试题都应当而且可以渗透"立德树人"的理念，从而形成"立德树人"考查之整体。比如，化学试题可以以古代科技发展史（如纸的制作、火药成分、酿酒、铁的冶炼等内容）为载体，体现中国古代科技及文化发展对人类进步的贡献；物理学科可以以在能源利用、光刻技术、雾霾治理等领域使用物理计算公式为题，让学生关注社会与科学的关系；数学学科可以从勾股定理，以及《九章算术》《孙子算经》中的计算方法等方面出题，体现中国古代数学发展的重大影响；生物学科可以从生态环境入手命制试题，引导学生关注自然环境、生活环境的良性发展，提出改善环境的具体解决方案。

因此，在高考命题时，各学科试题都应牢牢把握立德树人的根本任务，找准各科考试内容与立德树人要求相融汇的切入点和突破点，通过精心设计将学习能力与道德渗透有机结合，从而提升高考试题的科学化水平，有效推进学生综合素养当然包括学生道德素养的考查。

不可否认，渗透"立德树人"理念，语文和文科综合等科目的试题更具优势，但理科试题也不失为好的载体，只是各有侧重而已，考查形式亦可多种多样。比如，语文与文科综合试题可以侧重于传承中华优秀传统文化与人文精神，展现中国的文化自信，体现其"以文育人"的教育功能，让考生产生民族自豪感和强烈的国家认同；数学、理科综合试题可侧重于科学史，体现其"以史育人"的教育功能；英语试题则可体现中外文化的比较，展现中华文明对世界产生的重要影响，在促使学生产生中国情怀的同时，还可培养学生的国际视野。

（四）"全方位"：同一套试卷中不同题型均应渗透"立德树人"之理念

在同一套试卷中全方位地渗透"立德树人"理念，就是试卷中的每一类题型都应该从"立德树人"的高度来立意。不是只有作文、辨析等题型才能肩负立德树人的责任，只要设计得好，任何题型都可落实该任务，只是不同类型的题目渗透方式不同而已。

这里不妨以理科综合科目的考查为例：在命制文字信息型选择题时，可以将司南、火药、纸的制作，铁的冶炼等所代表的中国古代科技文明作为试题背景材料，体现中国古代科技文化在世界范围内的重要性，及其对人类发展和社会进步的贡献，引发学生的自豪感和爱国热情；在命制实验操作技能型选择题时，可以将化学与食品安全联系起来，引导学生关注科学对于社会的重要作用，并思考如何将科学运用于社会发展，造福人类；在命制填空题时，可以直接以社会关注的问题、与学生生活实践联系紧密的学科前沿为题，如化工生产原理与环境保护、野生动物的繁衍、生态系统平衡维护等，引导学生勇于科学探索，寻找解决环境问题的办法，潜移默化地引导学生以自然环境、生活环境的良性发展为己任。

总而言之，高考命题贯彻"一点三全"基本思路，就是要坚持以社会主义核心价值观为基本点，考试各环节、各方面分工合作，环环相扣，各有侧重，互相呼应，最终形成"立德树人"之合力。也只有这样，高考命题才能更好地强化其选拔与育人的基本功能，才能对中小学的教育教学起到积极的导向作用，才能有助于破解"素质教育喊得震天动地，应试教育搞得扎扎实实"的世纪难题。

三、高考试题如何落实"立德树人"

以 2017 年高考语文全国卷为例。2017 年高考语文全国卷一共有 3 套，其命题不仅体现了语文科在培养和选拔"又红又专，德才兼备，全面发展"优秀人才方面的基础性地位，还突显了语文科在高考科目体系中所独具的"以文化人，以文育人"的优势功能，更能引导考生在作答过程中，真切体会社会主义核心价值观和中华优秀传统文化，温润心灵，滋养人生。

（一）识别与记忆：引导考生关注名人名篇名句中蕴含的品德情操

中国历史源远流长，涌现出众多砥砺人心的好词佳作、名句名篇，比如"富贵不能淫，贫贱不能移，威武不能屈"的立身情操，"先天下之忧而忧，后天下之乐而乐"的崇高品德，"鞠躬尽瘁，死而后已"的勤勉风格，等等。这些名篇名句蕴含了丰富的政治智慧、哲学思想、人文精神、道德理念，影响了中国一代又一代仁人志士。比如，陈毅非常信奉"满招损，谦受益""终日乾乾，自强不息"，并请人将这些字刻在了自己心爱的砚盒上，其一生高风亮节的品质为这一名句留下了生动的注脚。又比如，"三军可夺帅也，匹夫不可夺志也"是孔子勉励学生子罕的话，但这句话也一直鼓舞着叶挺将军，成为叶挺的座右铭，他处处以此规范自己、激励自己。这样的事例不胜枚举。

"名篇名句默写"既是高考语文考试大纲明确规定的考点，也是促使中学生熟知中华优秀文化和提升自身修养与审美情趣的重要方式。将名句名篇默写纳入高考体系，不仅可以督促他们提高语言文字运用能力，还能够引导学生关注名篇名句中蕴含的品德情操，激发考生的昂扬斗志，唤起考生的时代责任感与历史使命感。

2017年高考语文全国卷"名篇名句默写"就着重于展示传统文化中的优秀品德情操，选择的名篇包括曹操的《观沧海》、杜牧的《阿房宫赋》、庄子的《庄子·逍遥游》、刘禹锡的《陋室铭》、荀子的《荀子·劝学》、杜甫的《茅屋为秋风所破歌》，展示了它们呈现出的自我超越、君子品格、爱惜人才、慷慨正义、乐观豁达等优良品质。全国卷Ⅱ"名篇名句默写"中，第2小题题目——"（2）刘禹锡在《陋室铭》中以'＿＿＿＿＿＿＿＿＿，＿＿＿＿＿＿＿＿＿'来借指自己的陋室，抒发自己仰慕前贤、安贫乐道的情怀"，要求学生填空。我们都知道，《陋室铭》有很多名句，包括"山不在高，有仙则名。水不在深，有龙则灵""谈笑有鸿儒，往来无白丁""无丝竹之乱耳，无案牍之劳形"，等等。为什么在命题时会选择"南阳诸葛庐，西蜀子云亭"这一句来默写呢？因为这句话是作者借南阳诸葛亮的草庐、西蜀扬雄的旧居来对比自己的陋室，有引诸葛亮与扬雄为自己同道的意思，也表明了作者立志以此二人为自己的楷模。以陋室比古贤的居室，不仅说明了陋室不陋，又进一步展示了作者安贫乐道、洁身自好的高雅志趣和不与世事沉浮的独立人格。

与往年不同的是，2017 年高考全国卷"名篇名句默写"不是简单的文字记忆，而是要求学生根据上下文给出的情境，理解并回忆出最合适的诗句。比如全国卷Ⅲ中，给出的情境是："《荀子·劝学》中强调了积累的重要。以积土成山、积水成渊可以兴风雨、生蛟龙设喻，引出'＿＿＿＿＿＿，＿＿＿＿＿＿，＿＿＿＿＿＿'的观点。"考生不仅要能熟记《荀子·劝学》中的内容，还要理解题意，真正领悟到名句中所蕴含的品德情操。

（二）理解与赏析：考查考生的道德认知水平与道德情感倾向

学校教育中的德育评价主要包括认知、情感、意志、信念和行为这五个方面。其中，道德认知是指对现实道德关系和道德规范的认识，包括道德印象的获得、道德概念的形成和道德思维能力的发展等；广义的道德认知还应包括道德知识、道德判断和道德评价。而道德情感则指个体在特定的道德实践基础上通过一定的情感方式，形成稳定的善恶情绪、情感和情操的过程，具体表现为一个人对一定道德价值形成热情或冷漠、偏好或厌弃、热爱或憎恨、追求或不屑等的过程。

一般而言，道德知识主要通过政治学科来考查，语文高考则可以通过理解与赏析这类形式，来考查学生的道德认知水平与道德情感倾向。

比如，2017 年高考语文全国卷Ⅰ的文学类文本阅读《天嚣》就突出了"帮助别人，也是帮助自己"这一主旨，并奏响了"各族人民支持祖国科研工作"这一主旋律。其下第一题"下列对小说相关内容和艺术特色的分析鉴赏，不正确的一项是（　）"，正确答案是"被困队员身陷绝境却调动起所有能量开门救助敲门人，送瓜人在被困队员生死关头奇迹般的出现，这都说明生命奇迹无法解释"。这一题就考查了考生的道德判断，如果没有"帮助别人，也是帮助自己"这一道德认知，考生就会觉得这一系列的转换与联系——"开门求助，送瓜人奇迹般出现"是"生命奇迹"，从而判断出错。又比如，全国卷Ⅱ中的古代诗歌阅读《送子由使契丹》就有这样一道题："本诗首联表现了诗人什么样的性格？请加以分析。"这一题也很好地考查了考生的道德判断和道德情感水平。首句诗人明显是化用王勃的名句"无为在歧路，儿女共沾巾"抒情，慰勉友人不要像青年男女一样，为离别泪湿衣襟，而是要心胸豁达，坦然面对。如果道德判断和道德情感水平达不到要求，可能会得出相反的看法。

此外，以论述类文本阅读为例。全国卷Ⅰ的论述类文本以"气候正义"为主题，介绍了气候正义产生的背景，以及它所表现出的社会正义或法律正义。给出的三道题中，要求考生根据原文内容进行理解分析，所给出的选项内容既能引发考生对气候治理的思考，也能够激发他们的法治意识、国家意识、责任意识与未来意识。全国卷Ⅲ则以"乡村记忆"为主题，体现了作者对当今我国乡村在如火如荼地城镇化进程中所突显问题的批判性思考，体现了鲜明的时代性，也体现了以人为本的城镇化建设新理念。无论是"气候正义"还是"乡村记忆"，都不仅反映了在推进中国现代化建设过程中坚持绿色发展、坚持节约资源和保护环境基本国策、坚持走可持续发展道路的必要性，也反映了人与自然和谐共生的深层心理诉求。

"语言文字运用"也是考查考生道德认知水平与道德情感倾向最直接的方式之一。高考语文试卷中，"语言文字运用"是时代感最强、变化最频、样式最灵活的题目。与往年相比，2017年的全国三套高考语文试卷加强了对语言积累与运用的考查。在题型设计上，除了继续考查成语使用、语病判别和语意连贯等，增加了"逻辑推断""表达得体"等内容的测试，同时还新增了关于中华优秀传统文化的试题，这就要求考生不仅要能理解词语本身的意义，还要具有正确的道德认知和道德情感，对中国传统文化有所认同。比如，在"表达得体"的考查中，就有诸如"献丑""高足""垂询""璧还""赐教""失陪"等敬辞、谦辞在交际语境中的得体使用。考生既要从说话者的身份、地位、生活阅历、文化素养等方面出发，更要考虑听话者的诸多情况，并根据不同的目的、场合，选择不同的表达方式，做到有的放矢，准确得体，恰到好处。这些考查内容与考生的日常言行有密切的联系，能够有效地检测学生的思想道德认知和情感倾向。

（三）表达与应用：对考生道德素养的立体考查

高考作文历来是综合性最强、关注度最高、影响面最大的试题。它既是对学生语言能力、思想道德素养和人文素质的综合立体考查，也是社会思潮的一个风向标。2017年全国三套高考语文作文题，均直观反映了时代主题，正面传递价值观念，不仅实现了从单一角度向多维角度的理性思辨，也突破了从定向思维向辩证思维的转变。且三套作文题的命制均关注现实生活、体现深厚的文化内涵，考生要写作文不"跑题"，必须拥有爱国情怀，有正确的社会价值判断，能用正确的价值观念看待社会发展，能用真情实感来行文。这种思维导向，也有助于考生树立正确的人生价值观，聚集民族正能量，在意识形态领域形成强大的文化磁力，促进民族的发展。

例如，全国卷Ⅰ的写作题首先给出了一系列"中国关键词"，要求考生能正确地认识中国，并能找出中国特色，以及与世界的比较、互动。这一系列"中国关键词"，有助于考生分别从不同层面全面客观地来认识当代中国，如"一带一路""大熊猫""食品安全""空气污染""高铁"等。考生只有自己树立了正确的人生观、价值观、世界观，以正确的方法和立场认清中国及世界，才能在此基础上讲好中国故事。而考生在这种多维角度的理性思辨过程中，就能对我国现实国情与改革发展有进一步的认识，在接下来的写作过程就会自然而然地展现出内心的民族自豪感与民族自信心。

全国卷Ⅱ的写作以名句育人，彰显中国文化的博大精深。如"天行健，君子以自强不息""露从今夜白，月是故乡明""数风流人物，还看今朝""必须敢于正视，这才可望敢想，敢说，敢做，敢当"等名句，包含了自强奋发、家国之爱、豁达自信、敢于担当等丰富内涵，涉及了个人、社会和国家的不同层面，突出了语文学科"以文化人、以文育人"的鲜明特点和独特育人优势。试题通过引导考生自主思考，明晰名句内在的深刻含义，从而把传承中华优秀传统文化与培育社会主义核心价值观紧密结合起来，激发学生感受文化魅力、思考文化传承、增强文化自信。

全国卷Ⅲ的写作题以"高考作文话高考"为主题，富有深意。2017年是我国恢复高考40周年，考题要求以"我的高考"或"我看高考"作为副标题来进行写作，紧扣社会变迁轨迹。这种写作命题体现了高考作文的现实指向性，着意于引导考生关注社会历史发展与个人发展的统一，启发考生在宏观语境中结合个人经验，表达自己对"高考"的独特体会和理解。同时，也是鼓励考生站在国家和社会的角度，从更高层面回顾过去，展望未来，理性思考我国高考改革之路。

由上观之，2017年高考语文全国卷作文题，经过命题者独具匠心的设计，其育人功能发挥得淋漓尽致，但又春风化雨，润物无声。

第六章
考试与评价的专业化建设

我国自隋朝开始的科举考试，历经 1300 年之久，不仅对我国古代社会的政治、经济、文化、教育等方面产生过重大影响，而且在考试的实践等方面积累了十分丰富的经验，对考试科学的发展作出过重大贡献。不过，在把数学建模方法引入考试工作，让考试行业走专业化、法制化和市场化之路等方面，国外的考试科研、考试机构和考试服务也积累了很多经验和教训。因此，有必要对国外的教育考试，主要是美国的教育考试，做一些简要分析。本章的主要内容包括考试服务的常见类型、考试服务的运行特点、考试机构关键岗位的设置、考试命题专家的素质要求、测评分析专家的素质要求、测评分析专家的培养方案、测评行业发展中的若干经验及测评行业发展中的若干教训共八个方面。

第一节　考试服务的常见类型

根据为考试工作提供服务的内容特点，美国的考试服务可以粗略形象地分为"运动员型""裁判员型""运动员兼裁判员型"以及"技术服务型"四种类型。其中，"运动员型"的特点是这种考试机构有能力并且事实上承担了"考试命题"和"测量学分析"等考试工作的核心业务。"裁判员型"的特点是这种机构拥有某些考试项目的知识产权，或接受政府相关部门的委托，管理着某些考试项目。这种机构本身并不从事"考试命题"和"测量学分析"等考试工作的核心业务，其主要任务是外包考试的核心业务，自己仅仅拥有少量命题专家和测量学家。其基本职责是代表考生或考试分数的使用者或其他部门等方面的利益，与承包商协调考试设计、试题研发、考试实施、测量分析、结果报告等方面的工作。"运动员兼裁判员型"的机构通常拥有某些自主知识产权的考试项目，并拥有一定规模的命题专家和测量学家团队。他们能够并且事实上独立完成着考试工作的核心业务。"技术服务型"机构的主要特点是，通常没有自主知识产权的考试项目，但是在考试的某些环节中，如考试命题、考试实施、阅卷评分、测量学分析、题库平台、计算机/网络考点、分数报告服务等，具有单项或少数几项内容的较高技术服务水平。他们一般是为其他考试公司或政府的相关部门承包着考试工作的部分内容。

"运动员型"的突出代表是美国教育考试服务中心（Educational Testing Service，ETS）、美国大学考试中心（American College Testing，ACT）、培生公司（Pearson）、西北教育评价联盟（Northwest Evaluation Association，NWEA）、美国教育研究所（American Institutes for Research，AIR）、成长测评（Measured Progress）等几十家非营利性机构（Non-profit Organization）或私营企业。这类机构往往具有十分强大的命题专家团队和测量学家团队。比如 ETS，其命题专家团队的核心成员就曾有 570 多人，测量学家团队也有 210 多人。其中，命题专家团队还管理着相当规模的外部合同制命题人员，这些命题专家大部分具有多年的教学实践经验。测量学家团队通常包括两个层次，其一是统计分析专业人员，他们大多具有统计学或相近专业的硕士学位或编写 SAS 等计算机程序等技能；其二是测量学家层次的专业人员。这些人基本上具有博士学位，接受过测量学专业的系统训练，具有从事考试研究设计、测验等值的实际工作能力和从事科学创新的能力。比如，题目反应理论（Item Response Theory，IRT）的奠基性人物 Frederic M. Lord 就是长期在 ETS 工作的研究员（Research Scientist）。测验等值中塔克（Tucker）方法的发明者塔克，标准设定（Standard Setting）方法中的安戈夫（Angoff）方法的发明者安戈夫等，也曾是 ETS 的统计学家（Statistician）。目前世界通用的著名的韦氏智力量表的作者威克斯勒（Wechsler），也曾在心理学公司（Psychological Corporation）做过很长时间的测量学家（Psychometrician）或研究员。

　　"裁判员型"的突出代表是联邦政府或各州政府的教育部以及一些考试联盟机构等。这些考试公司或政府部门，主要是通过市场机制和法律手段，将考试服务外包给专业性考试机构来运行。比如，美国佛罗里达（Florida）州教育部、得克萨斯（Texas）州教育部、明尼苏达（Minnesota）州教育部的学业水平考试就曾经承包给培生公司运行；管理类研究生入学委员会（Graduate Management Admission Council，GMAC）拥有的管理类研究生入学考试（Graduate Management Admission Test，GMAT），曾经长期外包给 ETS 运行，最近几年又转包给了 ACT 运行。美国教育考评局（Educational Records Bureau，ERB）是美国以及全球 2000 多所私立学校的考试服务联盟，其私立学校入学考试 ISEE（Independent School Entrance Examination）和中小学生综合素质测评项目 CTP（Comprehension Testing Program）也曾经长期外包给 ETS 运行。

　　"运动员兼裁判型"的突出代表是一些行业协会的考试委员会。他们一般常年开考或多次开考某类资格考试（准入和定级）或选拔考试。比如，全美医学考试委员会（National Board of Medical Examination，NBME）主持的医生从业资质考试（Licensing Examination Services）、全美注册会计师资格考试（American Institute of Certified Public Accountants，AICPA），法学院入学委员会（Law School Admission Council，LSAC）主持的法学专业入学考试（Law School Admission Test，LSAT）、中学入学考试理事会（Secondary School Admission Test Board，SSATB）主持的中学入学考试（Secondary School Admission Test，SSAT），等等，都是这种类型的考试。由于这类考试要求考试机构对行业本身有十分深入的了解，因此，美国社会360行，行行都有其对应的考试机构或考试项目。此外，美国大学理事会（College Board）过去主要是"裁判员型"，但目前正在朝"运动员兼裁判型"角色转换。比如，大学理事会拥有的 SAT（过去为 Scholastic Aptitude Test，现在为 Scholastic Assessment Test），过去曾长期委托给 ETS 运行，现在却正在逐步收回该项考试的所有核心业务。大学理事会的其他著名考试，如针对高中生的大学先修课程考试（Advanced Placement，AP），现在仍然外包给 ETS 运行。

　　"技术服务型"的代表主要是考试方面的信息技术（Information Technology，IT）服务商和某些考试专项服务企业。比如，Prometric 公司曾经是一家主做考试实施服务的独立企业，从事着考点建设与管理、数据收集等业务。不过，它目前已经被 ETS 收购。ITS（Internet Testing Systems）是一家主做考试信息技术服务的企业，其主要业务包括提供考试题库和计算机考试平台、收集考试数据、发放考试结果等；eMetric 是一家主做考试分数报告服务的考试公司。此外，许多大学的心理测评专家们往往也成立了自己的咨询服务公司，并通过市场竞争的方式，就考试设计、测验等值、考试的测量学分析等方面提供许多专项服务。

当然，上述分类仅仅是一个大概面貌，不少机构，如爱荷华大学的教学科研与考试服务联合为一体的服务，并没有包括在上述类别之中。

第二节　考试服务的运行特点

美国考试服务运行的特点主要表现为专业化、市场化和法制化三个方面。现简要说明如下。

一、考试服务的专业化

考试服务的专业化主要表现为以下两个方面。

（一）考试工作具有学术上的行业标准

美国的考试工作基本上是以经典测验理论（Classical Testing Theory，CTT）和题目反应理论（Item Response Theory，IRT）以及概化理论（Generalizability Theory，GT）为指导的。为了使得考试工作公平、可信和有效，全美教育考试协会（National Council of Measurement on Education，NCME）、全美教育研究协会（American Educational Research Association，AERA）、全美心理学会（American Psychological Association，APA）集中全球考试理论研究与实践工作者的智慧，共同制定了《心理与教育测量标准》（AERA，APA，NCME，2014）。该标准就考试的所有重大事情项制定了行业的学术标准。

（二）考试研发与实施具有严格的操作规则

比如，所有命题人员必须接受科学、系统培训，命题人员必须亲临考试公司命题中心进行现场实习，实习期满合格者方可成为命题专家。假若命题专家编写的题目合格率不高，则需要重新培训他们或直接把他们列入不宜使用的名单之中。

同时，题目的命制有严格的行业准则。比如，题目命制必须符合考试说明（Test Specification）和考试蓝图（Test Blueprint）的详细要求，每套试卷都必须有细致的考试方案或考试地图（Form Planner 或 Test Map）；所有题目都必须经历先导试测（Pilot Study）、现场试测（Field Testing），试测之后必须由测量学家团队按照经典测验理论或者题目反应理论进行测量学统计分析，所有参数估计值不合格的题目必须返回到命题团队，或者重新修改题目，或者剔除出未来的正式题库或试卷之中。

另外，主观题的评分标准必须通过专门的计分方式研究来确定。即专家们所制定的评分标准仅仅是确立计分方法的初稿，最终的计分方法需要经过先导试测或现场试测数据分析结果进行调整。其目标是，在一个代表性样本上，每道主观题的每个得分点都必须有一定比例的得分者。题目与测验总分的相关系数必须在 0.10 以上，绝对不允许区分度为负数的题目出现在任何考试当中。

组卷方案必须得到命题专家团队和测量学家团队双方的论证或认可。由于约束条件比较多，考试组卷过程通常是一个多次反复调整的过程，其目的不仅是要控制试卷的整体难度，更重要的是要确保试卷符合考试说明和考试蓝图的要求，要确保考试的内容效度或结构效度，即确保考试分数的表达和使用符合考试研发者和使用者的目的。

此外，许多考试机构都研发了经过严格验证的测量学分析系统，有的地方还具有完善的题库管理平台。

（三）从业人员必须具有专业的训练和实习经历

在美国的许多大学，心理测量学专业是一个很受师生欢迎的专业。通常，大学本科毕业生后，再经过 5 年左右的学习时间才能获得该专业的博士学位。拥有该方面博士学位之后，通常还需要 1～2 年的实践经验才能达到独立完成测量分析任务的水准。考试机构各种关键岗位的素质要求另做单独说明。

二、考试服务的市场化

在美国的考试服务行业，主要考试项目基本上是通过市场化的方式进行运作的。比如，得克萨斯州的学业水平考试，一直是通过招标的方式实现外包服务的。招标的标准，经费是一个重要考量。但是，经费并不是唯一标准。比如，得克萨斯州的学业水平考试，过去一直是由培生公司承包的。但在前几年的一次招标过程中，出价更高的 ETS 反而中标了。其中的评判标准显然是一种综合评价的结果。

考试市场化的一个直接结果是所有考试公司都努力创新，不断改进理论和技术，提高工作效率和质量。尤其是在为考生服务方面，所有考试公司都十分重视和负责。

三、考试服务的法制化

市场化的一个直接结果是责任与权利被契约的形式捆绑在一起了。即一旦考试服务合格，州教育部将按照合同支付服务费用。假若出现责任事故，考试服务机构则必须承担相应的责任。

通常，假若出现分数报告出错或者结果报告延迟等问题，考试承包商需要支付高额的赔偿经费。比如，培生公司在 2010 年承包佛罗里达州学业水平考试的任务时，由于试卷改分出现错误导致测验等值错误，全部工作不得不推倒重做，出现了迟交测评报告一个多月的后果。于是，培生公司不得不根据合同支付了佛罗里达州所有考生及相关部门 1500 万美元的赔偿和罚金。

美国的考试服务工作是通过专业化、市场化和法制化的方式运作的。一旦专业的事情交给专业的团队去处理，其质量显然是有保障的。同时，作为管理部门，一旦把自身定位为"裁判员"，许多困难便不再成为难题。最辛苦的运行模式是任务全包、责任无限的模式。建议通过多种形式，首先改变人们关于考试的某些思想观念，其次是大胆试点考试工作专业化、市场化和法制化的运行模式。当然，要实现上述目标，必须制定相关的法律或管理条例，颁布考试行业标准等配套措施。

第三节　考试机构关键岗位的设置

　　考试行业的专业化特点主要体现在考试服务的专业化运作、从业人员的专业化培养，以及考试工作本身的科学化等方面。目前，引领世界考试行业学术发展方向的著名考试机构主要有美国教育考试服务中心、美国大学考试中心、美国大学理事会和培生公司等。这些专业考试机构的关键岗位主要包括两类，即测验研发岗位和测评分析岗位。其中，测验研发岗位主要是命题专家及其管理者，其岗位名称为测评专家（Assessment Specialist）或测验研发专家（Assessment Developer，AD）。测评分析岗位主要是指统计分析专家和测量分析专家，包括统计分析师（Statistic Analyst 或 Data Analyst）、心理计量学家或心理测量学家（Psychometrician）或者测评研究员（Research Scientist）。

　　考试人才的培养主要依赖一些高校的教育测量、心理计量学（Psychometrics）或应用统计学专业方向的博士研究生培养项目。其中，爱荷华大学（The University of Iowa）的高级测量评价中心（Center for Advanced Studies in Measurement and Assessment）、加州大学洛杉矶分校（University of California at Los Angeles，UCLA）的教育测评中心（Center for Educational Assessment，CEA）、马萨诸塞大学安姆斯特分校（University of Massachusetts Amherst）的教育测评中心、北卡罗来纳大学教堂山分校（University of North Carolina at Chapel Hill）的高教研究与评价中心（Office of Institutional Research and Assessment，OIRA）、马里兰大学（University of Maryland）的测评研究中心、密歇根州立大学（Michigan State University）和伊利诺伊大学厄巴纳-香槟分校（University of Illinois at Urbana-Champaign，UIUC），等等，都开设了高级测量与评价等方向的博士研究生培养项目。他们为考试行业培养了众多的测评统计与分析人才。下文通过对 ETS 等专业性考试机构的人才招聘广告，以及部分国外高校测评分析方向博士研究生的培养课程，具体分析这些考试行业关键岗位的人才素质要求。

第四节　考试命题专家的素质要求

以 ETS 为例，命题专家包括考试机构内部的命题人员和外部的签约命题人员两大类型。依照其专业特长，他们一般可以分为各种学科命题专家，如英语学科命题专家、数学学科命题专家等。依照任职者的资历和能力水平，命题专家一般分为初级（Assessment Specialist-Ⅰ）、中级（Assessment Specialist-Ⅱ）和高级（Assessment Specialist-Ⅲ）三个层次。现从以下 6 个方面解读这些岗位的素质要求。

一、基本要求

命题专家能够规划、研发和评估考试项目及其相关的产品，这些产品与目前的课程标准、学生的学习目标紧密关联；能够主导与客户或考试管理部门的研讨工作，明确各学科考试的测评结构；具有很强的学科背景知识，能在题目编写、题目评审和考试组卷方面，以及在考试研发委员会的研讨会上提出有价值的建议；对课程标准及其发展趋势具有深刻的认识。命题专家在考试研发的所有环节，包括题目编写、题目评审、考试组卷、阅卷评分等方面能表现出较高的知识和技能水平。他们既能作为测验研发专家独立工作，又能作为团队中的一员与他人合作，包括与本单位之外专家的合作。此外，本岗位的任职者还需要定期向经验不足的命题人员提供指导和培训。

二、专业要求

（1）编写和评审题目，收集各方关于题目质量的反馈信息，并在题目测试之后评估题目的可接受性。

（2）参与并管理开放式题目（Constructed-response Items）的评分工作，包括与高校教授顾问或地方政府相关人员进行合作。

（3）批准可用于正式考试的题目，并评估题目内容及其测量学特性。

（4）改进外部命题人员所命试题质量的方案，编写命题人员培训材料，计划和主导命题人员培训会议，与外部命题人员合作监管命题工作。

（5）设计和开发新的测评项目，发明新产品和创造新服务；与产品开发团队和客户一起研制新的考试蓝图和题目类型。

（6）编写试卷生成系统的规则，为试测、正式测试和/或计算机自适应测试（CAT）构建小题库（pools）；审查试卷并参加 CAT 模拟研究；协助准备额外的特殊测试。

（7）对来自高层的督查报告（Supervisor Irregularity Reports，简称 SIR）和考生询查作出回应；审查考生询查答复文件，确保答复内容准确恰当；审查可能的侵犯版权行为；审查考试安全事件，并提出妥当的问题解决建议。

（8）与客户委员会合作，能够组织会议，招募和培训委员会成员，推荐委员会成员，组织审查材料，编写培训材料和安排会议议程，总结并解释测量分析结果，对测量问题提供相关的建议。

（9）与客户方的内容专家代表直接合作，获取对方代表关于题目和试卷质量的签名认可；参加客户的开题会议、工作计划会议和工作进展会议。

（10）计划和实施考试项目本身及其备考材料解读的出版工作。

（11）参与命题教师的培训活动。

（12）计划并实施考试项目的信度、效度或可比性研究。

（13）培训有关人员运用题目统计量进行组卷的工作。

（14）在考试组卷过程中与统计、测量学分析团队合作，并获得测量学家关于题目和试卷参数方面的签名认可。

（15）作为一个或多个考试项目的团队负责人，甚至是整个考试研发工作的团队成员或负责人，担负起考试研发工作的计划、管理和指导责任。

（16）管理一个或多个考试项目的题目评价工作，能根据专家委员会会议和相关专家的反馈意见，改进相关考试项目的题目质量。

（17）对存在计分问题的题目提出改进评分质量的建议。

（18）对员工提供恰当的指导。

（19）在政策和计划委员会中发挥越来越重要的作用。

（20）充当本考试机构的发言人，恰当处理考试研发过程中的某些事件。

（21）直接领导考试项目，委派工作并监控进度。

（22）创建、实施和监视题目研发计划。

（23）承担并监管小型特殊发展的项目。

（24）监管一个或多个考试项目的预算要求。

（25）遵守道德标准和与岗位功能关联的法律法规。

三、经验要求

命题专家必须具有相关学科或专业领域的硕士学位，或具有同等学力和经验的知识和能力水平（学历证书和行业执照等）。以下是命题专家三个级别的岗位要求。

（1）初级命题专家：至少需要有 3 年职责要求逐年提高的工作经历，具有在初中、高中和/或大学层次机构的教学经验，并从事过写作、编辑和/或测验研发方面的工作；必须具有很强的写作能力、组织能力以及学习新技术的意愿和能力；必须具备全面的相关学科知识，能够胜任相关学科测验的开发工作，可以为同行、专业委员会和客户担任顾问；必须具备与客户、外部委员会进行有效协作的能力。具有测验开发、教育测量和应用统计方面经验者可以优先考虑。

（2）中级命题专家：至少需要5~6年职责要求逐年提高的专业工作经历（如教育测量、应用统计或教学方面的经历），其中两项要求必须是测验研发和教育测量或应用统计。中级命题专家最好具有课堂教学经验并熟悉当前的课程标准，具有较强的口头表达和书面沟通能力，能应用语法规则修改专业性很强的题目；必须具备高水平的组织能力、强大的技术能力，以及强烈的学习新技术的意愿或能力。

（3）高级命题专家：至少需要7~8年职责要求逐年提高的专业工作经历（如教育测量、应用统计或教学方面的经历），其中的几项要求必须是测验研发和教育测量或应用统计；具有较强的写作能力、高超的组织能力以及强烈的学习新技术的意愿或能力；具备相关领域的全面知识，以便能够研发相关科目的测验，并能为同行、相关委员会和客户提供专业水准的建议；具备与客户和外部委员会进行有效协作的能力。精通相关的专业领域，具有深厚的考试和测评知识，能为公司提供专家建议，能为高层出谋划策并代表公司参与教育界和考试行业的各种活动。

四、管理要求

命题专家的管理职责主要体现在团队合作、领导力和变通性三个方面。第一，命题专家在积极参与正式或非正式团队工作，以及理解团队成员各种兴趣方面，具有为团队增值的成长记录；第二，能以客户为中心，努力与单位内外同事建立相互尊重的关系；第三，办事过程中心里想着客户和其他利益相关者，能顾及自身行为对下游工作环节的影响；第四，具有关于本行业的标准工作流程和最新发展趋势的丰富知识；第五，能胜任新的测评项目工作，能创新开发新题型，能用新方式开展工作，能成功处理有关争议；第六，为提升个人素质和改善本单位的工作绩效，学习欲望强烈，乐意发展新的技能和能力；第七，能为测评项目的发展方向提供协助；第八，能帮助落实题目研发计划；第九，能为开发特殊项目努力工作；第十，能够解决问题，并能灵活调整工作计划以便按时按质完成工作任务；最后，对自身承担的工作任务能表现出高水准的工作效率和责任心。

五、学科要求

主要针对各门学科的知识和能力水平提出具体要求，特别要求学科教师对最新的课程标准有比较深厚的理解。（具体要求略）

六、其他要求

对相关领域具有全面了解，研发的试题、试卷和测评产品能与相关学科的课程标准达到一致；在题目研发过程中具有整合课程标准中多个维度要求的能力；有能力协助咨询委员会并在必要时参加客户会议。

第五节　测评分析专家的素质要求

国外专业性考试机构的测评分析专家主要是来自高校的心理计量学，或教育测量学，或应用统计学等方向的博士毕业生。这些博士毕业生或者从事考试测评的研发工作，或者从事考试科学的研究工作。前者的岗位名称一般为心理测量学家，其主要工作包括设计考试项目、制定考试蓝图、开展测验试测、估计题目参数、分析测量信度、收集效度证据、实施测验等值、研制测验常模、设定考试标准，报告测验成绩、维护测验题库、回答客户问询等。后者的岗位名称一般为测评研究员。研究员一般不直接参与考试项目的开发与运行工作，而是就考试工作中的各种挑战难题进行科学研究。通常，当考试工作遇到难题时，研究员会被要求从数学建模、先导试验（Pilot Study）、模拟研究等途径探索问题解决的理论方法和可行方案，全力以赴破解难题，支持考试项目的良性运转。比如，当考生的原始得分分布不符合正态分布时，如何科学合理地转换分数而不是简单地把分数做正态化处理，就是一个重点研究课题。当题库中的题目参数等值发生量表漂移（Scale Drifting）时，考试机构的研究员就需要加大科研投入，拿出问题解决的具体方案等。具体来说，测评专家的职责和经验要求如下。

一、职责要求

（1）具有设计并实施测量学分析工作以支持测评项目顺利实施的经验。

（2）具有分析、研究和解决当前和未来测量学问题的能力，能与人有效沟通这些问题解决的方案。

（3）精通经典测验理论（Classical Testing Theory，CTT）、题目反应理论（Item Response Theory，IRT）和测验等值技术（Test Equating），能够熟练使用常见的测量分析软件和统计分析软件（包括 SAS 或 SPSS、BILOG、LOGIST、Winsteps 和 Parscale 等）。

（4）能与不同受众进行口头和书面沟通。

（5）在设计和分析测评项目、开展跨功能小组工作和量化研究方面具有领导能力。

（6）无论是在教育测评领域，还是在其他领域，都能够积极主动地、创造性地用好测评理论和方法，以便支持并改善本公司的产品或服务质量。

二、经验要求

（1）初级职位：具有教育与心理测量、应用统计学、定量分析或认知心理学、生物统计学或其他密切相关量化研究领域的博士学位。具有 1 年以上的运用心理测量和统计方法的经验；懂得经典测试理论和题目反应理论及其应用。

（2）中级职位：具有教育与心理测量学、应用统计学、定量分析或认知心理学、生物统计学或其他密切相关量化研究领域的博士学位。具有至少 3 年以上的运用心理测量和统计分析方法的经验。这个职位必须要有主动性、创造性、科研能力与技术专长。

（3）高级职位：具有教育与心理测量学、应用统计学、定量分析或认知心理学、生物统计学或其他密切相关量化研究领域的博士学位。具有至少 6 年以上的运用心理测量和统计分析方法的经验。这个职位必须要有主动性、创造性、高级科研技能与技术专长。能够全身心地投入科研工作和新方法的探索与应用之中；能在运用当今新兴技术、发明创造和研究成果方面，为公司提供切实可行又具有战略意义的指导建议。

第六节　测评分析专家的培养方案

测评专家的培养主要是通过高校的博士研究生培养计划来实现的。其中的必修课程主要涉及三大类型，即应用统计学课程模块、教育测量学课程模块，以及教育心理学、教育评价和研究方法课程模块。现以爱荷华大学的课程设置为例进行简要说明。

一、应用统计学课程模块

本课程模块包括 7 门必修课程。

（1）中级统计方法（Intermediate Statistical Methods）。要求学生了解推论统计的基本原理，会针对特定问题情况和条件选择适当的统计方法，能够实施统计分析并解释统计结果；能够熟练使用 SPSS 或 SAS 等统计软件，能够创立统计文档、实施统计运算、阅读和解释统计结果，并评价所用统计方法在实践中应用的适宜性。该课程的主题包括概率论、统计检验、抽样理论、效果量计算、t 检验、卡方检验、方差分析（ANOVA）、相关分析、多元回归和部分非参数检验技术。

（2）相关与回归（Correlation and Regression）。本课程首先简要回顾统计和测量的基本概念，并着重介绍使用回归方法进行预测因变量变化和解释控制变量作用两个方面的差异。随后学习双变量过程、多元回归、干扰变量的统计控制与实验控制方法、中介变量、抑制变量、交互作用、非线性回归、虚拟变量、方差分析（ANOVA）和协方差分析（ANCOVA）。此外，预测中的偏差研究、性向与处理交互作用之间交互效应研究、检验力分析、数据的降维处理方法、变量选择和排序策略、因子分析、逻辑斯蒂回归、简单的结构方程模型以及潜变量间的相互作用分析也是学习的内容。

（3）实验设计（Design of Experiments）。内容包括实验研究设计与统计分析的理论和方法，完全随机化设计和重复测量设计中单因素和多因素均值间差异性的假设检验。

（4）非参数统计方法（Nonparametric Statistical Methods）。内容包括部分非参数检验方法、单样本和双样本距离检验（location tests）与估计方法、关联度测量和方差分析，强调与经典参数检验过程的关系。

（5）因素分析和结构方程模型（Factor Analysis and Structural Equation Models）。内容包括探索性因素分析和验证性因素分析的基础，最小二乘法和极大似然估计方法，因子抽取、旋转和解读中的问题，使用 LISREL 软件运用结构方程模型，备用方法的前提条件与局限性。

（6）多元统计方法导论（Introduction to Multivariate Statistical Methods）。内容包括矩阵概念基础，多元数据分析中的样本几何和相关概念，多元正态分布和相关的多变量间的显著性检验，主成分分析（PCA），常用因素分析（CFA），判别分析（DA），典型相关分析（CCA）和多元方差分析（MANOVA）。SAS PROC IML 矩阵思维的编程方法也是学习的内容，SAS 程序中的 PROC GLM 和 PROC ANOVA 内容也需要学习。

（7）教育统计与测量研究专题（Topics in Educational Measurement and Statistics）。本专题探讨提供诊断信息的数学建模方法，期待能用新的心理计量学模型提供更好的诊断信息并改进测验设计。本专题的基本关注点是如何用心理计量学模型得到比传统方法更加可信、关联更少的各种子维度的诊断分数。

二、教育测量学课程模块

本课程模块包括8门必修课程。

（1）评价工具的研发与应用（Construction and Use of Evaluation Instruments）。内容包括教育评价工具的设计与研发，编制学业成就测验、态度量表、表现性评价工具和调查问卷；重点在于评价工具的研发以及工具特性的评估。

（2）教育测量与评价（Educational Measurement and Evaluation）。本课程的重点是教育与心理测量的基本原理与方法。它适用于具有一定统计学基础的心理咨询师、心理学家、教师、管理人员和测量专家。有关评价、解读标准化测验结果和调查问卷结果的概念被重点解读。本课程的大部分内容是测验分数的分析、行为标准、常模数据、测量信度和效度，以及评估领域中目前常见的问题，如存在于成就测验、潜能测验、智力测验、个性分析、职业兴趣和态度问卷中的问题。学生在学完一定学习内容后，他们通常会严格评估特定的标准化测验，或者综合评判常用的用于评估其个人兴趣的测评方法。评分取决于学生在考试、作业和完成课堂项目中的表现水平。

（3）教育测量的理论与技术（Theory and Technique in Educational Measurement）。本课程重点介绍经典测验理论的原理与方法，包括基本概念、计算方法和公式证明。测量学中的一些高深话题也有所介绍，包括 Beta-二项式模型、条件误差方差，以及概化理论基础。

（4）量表标定方法（Scaling Methods）。内容包括单维度和多维度量表标定技术、多级计分的题目反应理论模型、可用的量表标定计算机程序、量表标定在教育与心理学研究中的应用。

（5）题目反应理论。内容包括题目反应理论的基本原理和实际应用、数学模式及其参数估计技术；重点关注当今考试工作中的应用情况和问题，介绍常用的题目反应理论参数估计软件。

（6）教育测量与评价研讨会（Seminar in Educational Measurement and Evaluation）。主要研讨当今教育测量与评价中的现实问题和理论问题，包括媒体所关注的教育测量与评价的热点问题。

（7）教育考试中的等值与标定方法（Equating and Scaling of Educational Tests）。主要内容为测验的等值设计与等值方法，包括线性等值方法、等百分位等值方法和题目反应理论方法。重点关注基本概念、测验软件的使用与科研工作。

（8）概化理论（Generalizability Theory）。本理论是经典测验理论的进一步拓展。其突出特点是通过变异数分析技术，全面估计分数变异的各种来源及其大小。本课程对概化理论的基本概念，数学基础、模型、假设、设计和应用都作了介绍，并考虑了该理论与其他测量理论的关系。

三、教育心理学、教育评价和研究方法课程模块

本模块可供选择的课程主要有4门。

（1）教育心理学（Educational Psychology）。本课程内容包括：关于学习和教学过程的心理学原理与方法，学习、教学、动机和评估的理论，青少年发展的概念，儿童的社会化过程，个体差异，学习过程和技术，学习的生物学基础。

（2）量化教育研究法（Quantitative Educational Research Methodologies）。本课程内容包括计划、实施和报告教育研究的基本步骤，教育研究现行方法的评价，量化研究设计及其分析方法。

（3）项目评估（Program Evaluation）。本课程内容包括教育与社会评估中的理论问题及其思考，评估设计、方法，元评估和评估应用。

（4）教育心理学研讨会或者当代话题（Seminar in Educational Psychology or Current Topics）。

第七节　测评行业发展中的若干经验

考试与评价主要是对教育教学的目标、过程、结果和效益等方面作出事实判断和价值判断。其中，事实判断主要依靠科学的教育测量理论和技术，价值判断主要取决于教育教学的理念、价值观和教育目的等。从国际考试与评价行业的发展历程来看，以下五个特点值得关注。

（一）以数学建模为主要特征的理论创新极大地推进了考试与评价的专业化进程

随着近现代数学和科学的发展，考试与评价学科逐渐形成了自己独特的理论体系。其中，最著名的有经典测验理论（Classical Testing Theory，CTT）或信度理论、概化理论（Generalizability Theory，GT）和题目反应理论（Item Response Theory，IRT）。

一般认为，CTT 成熟的标志性成果，是美国普林斯顿大学心理学教授、美国教育考试服务中心顾问 Gullikson 于 1950 年在其《心理测验理论》一书中，首次用数学公理化方法对前人经验所提炼出的一套理论模型。其基本内容是：在经典平行测验假设成立的前提下，考生的卷面分数（X）等于其真实分数（T）与随机误差（E）之和（$X = T + E$）。该模型及其 3 条公理假设，在规范标准化考试方面发挥着关键性作用。概化理论被认为是在 CTT 基础上运用方差分析技术，根据测评目标及与测评目标相关联的多种侧面（Facets）之间的关系，同时估计多种误差来源的一种测评理论和技术，其主要作用在于估计非标准化测评项目的测评信度和测量误差，其重要贡献者为 Cronbach 和 Brennan 等。

IRT 是一种与 CTT 和 GT 完全不同思路的测评理论，其突出贡献者主要有美国 ETS 的心理测量学家 Lord 和丹麦数学家 Rasch 等。IRT 的基本假定是：考生答对某题的概率（p）会随着其能力水平（θ）或潜在特质水平（Latent Trait）的提升而提高，并表现为 logistic 曲线。其中，每道题目所对应的 logistic 曲线拐点的位置（location）即为该题的难度参数（b），曲线在拐点位置的斜率乃是题目的区分度参数（a）。

考试与评价理论创新的经历表明，数学建模奠定了考试与评价的学科地位，并改变了人们心中"考试与评价工作仅仅是编写几道试题或设计几个问卷、计算试卷总分、确保没有泄题和舞弊事件"的不当观念。事实上，考试与评价从业者类似于外科医生，需要有很高的专业要求。若按照惯常的行政轮岗思路安排考试与评价工作人员，则很可能会让管理者和一线工作者招致无妄之灾。

（二）人工智能等信息技术的运用促进了考试与评价技术的进步

当前，在考试研发、题库建设、考试实施、作答方式、数据收集、阅卷评分、结果分析和考试服务等各个领域，国际考试与评价的专业机构都在大力运用人工智能等现代信息技术。比如，ETS投入海量资金研发的几个功能系统就发挥了极好的作用。这些功能系统主要包括：（1）测评分析系统Genasys：该系统在数据收集、CTT和IRT分析、题目参数和试卷等值、分数报告等方面，表现出了十分强大而且稳健的功能。（2）题库信息管理系统（Item Banking Information System，IBIS）。该系统在制定测评研发计划、征集考试题目、编辑评审题目质量、发布各种线上线下测试版本、实现远程测评、收集测评数据、实施主观题和客观题评分以及测评分析结果储存和题库更新等许多方面，都表现出了良好的效果。（3）人工智能评分系统。该系统以自然语言处理原理（Natural Language Processing，NLP）为依据，在英语写作评分、主观题评分和数学评分等方面，系统开发了e-rater，c-rater和m-rater等人工智能评分系统，其成绩斐然。（4）多阶段计算机化自适应测试（Computerized Multistage Adaptive Testing，MST）技术。该技术以IRT为基础，在许多国际知名测评项目（如美国研究生入学考试GRE项目）中得到了很好的应用，实现了不同考生可以随时参加考试、题目不同但结果被表达在相同度量系统之上的个性化测评，既保障了测评的公平性、稳定性和有效性，又大大提升了测评的安全性和灵活性，做到了即使有部分试题出现争议，或部分题目素材与模拟试题接近也不会影响测评结果公平性的效果。不过，理想化的题目层次的计算机化自适应测试（Computerized Adaptive Testing，CAT）设计曾经因为网络速度不够和各种培训机构大量使用真题训练考生而招致失败，造成过严重的经济损失。

以上事实表明，人工智能等信息技术的运用促进了测评技术的进步，但完全由IT主导的考试与评价项目，如计算机化自适应测试项目，实际的应用效果并不理想。

（三）学术上的高标准要求与市场化的有限责任运行机制保障了测评行业的健康发展

由于考试与评价工作具有极高的专业性要求，所以美国教育研究协会（American Educational Research Association，AERA）、全美教育测量协会（National Council on Measurement in Education，NCME）和美国心理学会（American Psychological Association，APA）联合颁发了《教育与心理测评标

准》，对考试与评价的理论基础、测评研发和测评应用三大方面设置了很高的学术标准。

此外，独立第三方的考试与评价机构在提供服务时，基本是通过市场投标、签署服务合同、设置处罚条款等市场机制进行运作。这使得考试管理等相关部门在处理诸如题目泄密、极少数题目素材被教辅机构押对、试题质量存在争议、分数表达存在差错、部分题目存在公平性争议等问题时，完全可以依法依规处理，既保障了考生的合法权益，又避免了一线工作者的无限责任麻烦。

（四）大数据的深度挖掘为保障考试与评价的质量提供了有力支持

国际上的许多专业性考试与评价机构，由于他们长期承接各种考试与评价项目，从而积累了大量结构性数据或半结构性数据。于是，通过大数据分析和利用测量学原理，测评机构可以针对各种可能的异常情况设计出各种报警指标（如各考点或特点群体的题目得分异常等），使得任何常见问题都可以在分数报告之前得到妥善处理，避免造成经济或其他方面的损失。比如，美国高考 SAT 一年开考六次，每次的考试成绩全部转换到基准试卷（标杆试卷）所定义的分数度量系统（量表）之上，因而考试成绩等值并且多年有效，而且积累了海量数据。利用这些数据，可以使用诸如 Shewhart 质量监控图等手段，及时发现异常情况。

国际考试与评价机构运用大数据的经验表明，质量监控除了加强管理和重视，还可以有一些科学有效的办法。若能把我国高考和中考等大数据进行深度挖掘，则不仅可以发现许多教学过程中的问题，而且能有效保障考试质量，避免造成不必要的损失或处罚。

（五）大学预修课考试提升了增值空间，高校招生综合评价拓宽了成才途径

在教育评价中，优秀生上升空间有限和后进生上升通道单一的问题一直是个难题。不过，美国的大学预修课考试（AP）和高校招生中的综合评价时间为我们提供了独特的视角。具体来说，美国大学理事会（College Board）与很多高校和中学合作，专门为学有余力、智力超群、积极上进的高中生推出了 AP 考试，从而较好地解决了优秀高中生没有增值空间的难题，并使得增值评价更为合理。

此外，由于美国大多数高校认为学生构成多样化有利于各类各层人才成长，因此，在大学招生过程中特别推崇多元综合评价的原则，绝对不会出现某所顶尖高校会在某一所重点高中招收几十、几百个学生的情况（一般高校或当地高校除外）。表 6-1 是某留学中介机构推测的美国高校招生多元综合评价方案。

表 6-1　某机构推测的美国高校招生多元综合评价方案

1	就读高中（0~4 分）
2	课程难度（0~21 分）
3	年级排名（0~3 分）
4	平均成绩（0~16 分）
5	SAT 成绩（6~25 分）
6	国家荣誉学者决赛者（0~3 分）
7	申请论文（-3~5 分）
8	推荐信（-2~4 分）
9	课外活动（-5~30 分）
10	种族多元化（-3~5 分）
11	体育活动（8~40 分）
12	超级录取（40 分）
13	红包项目：
	父母（3~8 分）
	家住远处（3 分）
	教练征召（5~10 分）
	极其特殊（3~5 分）

由表 6-1 可知，美国高中生的升学途径，绝对不仅仅只有刷题拿高分一条，每个人都有可能凭借着自己的独特本领（长板）被一流高校看中。当然，这个综合评价方案的科学性和准确性存在较大争议，此处仅把它作为综合评价的一种示例。

第八节　测评行业发展中的若干教训

美国的教育考试行业也经历过不少困难，现择其三个方面的挑战进行讨论。

一、选考自由的方案有功有过

选考自由的传统的确在照顾学生个性化需求、促进少数创新人才的成长以及帮助后进生另辟发展通道等方面取得了巨大成功。但这种方案明显弱化了 STEM（科学、技术、工程、数学）人才的培养力度。

美国的高中生完全没有一考定终身的烦恼，并且任何人只要想学习，就总能找到最适合自己的科目，完全不必纠结于如何组合自己的高中选修课程问题，更不必用自己的短处去死磕某门学科中的学霸，让自己体验垫底的人生。

然而，这样一种尊重个性差异，又有利于少数尖端创新人才成长的制度设计，在实际工作中遇到了"避难就易"的人性弱点，导致大量学生放弃高难度的数学和物理等自然科学课程的不良后果。据美国教育部官方网站公布的信息，当今"仅有 71% 的白人高中开全了 STEM 课程"（白人高中属于条件较好的中学之一），"仅有 16% 高中生的数学和科学达到了良好水平"，难怪美国政府和媒体都惊呼"日后需要大批量从海外引进 STEM 人才了"。

二、理论模型并不是越完美越好

在考试与评价的学科发展过程中，数学建模的贡献巨大，无论是高校和科研部门，还是测评机构，都对基础理论的研究非常重视。比如，关于 IRT 的知识和技能就是所有考试与评价机构的必备知识和关键能力，也是所有教育统计与测量、教育评价、心理测量等博士培养项目中的必修课程。许多非营利性考试与评价机构，还长期把大量的企业利润投入到招募或赞助一流人才的测评科研工作之中，成就了许多世界级大师。比如，ETS 的心理测量学家 Frederic M. Lord，Samuel J. Messick 和 Michael T. Kane 等，就在考试与评价行业中享有盛誉。

不过，理论模型并不是越完美越好，过度追求完美的数学模型还可能给实际工作带来极大的麻烦。比如，3 参数 IRT 模型在理论上比 2 参数模型和单参数模型（如 Rasch 模型）要更完美。可是，某著名测评项目就曾因为使用 3 参数模型出现过严重的量表漂移（Scale Drifting）问题，导致题库中明明存在很多高质量试题却无题可用的后果。再比如，CAT 的原理十分完美，但在早期的 CAT 项目中，过分追求题目信息量最大化的选题策略也曾导致重大损失。如，出现过题库中大批题目从来不被调用、少数区分度极高题目被过度调用（并因此被快速封存），考生一旦连续答错最初 4~5 道题，随后再怎么优秀也只能得低分以及只要连续答对最初 4~5 道题，随后不必表现优秀也能得高分等一系列问题。

三、缺失等值配套措施的标准分制度存在重大隐患

由于试卷原始分数存在着度量单位不等距和原点意义不明确等不科学的问题，所以许多专家推荐使用标准分制度。比如，美国高考 SAT 的考试成绩就曾经使用了式（6-1）这样的转换关系，使得卷面原始分数（X）被表达在一个原点为 500 分、单位为 100 的标准分量表（Scale Score，简称 SS）之上。即

$$SS = 500 + 100 （X - M） /S \qquad (6-1)$$

其中，M 为代表性考生群体的原始分数平均值，S 是相应群体的原始分数的标准差。

不过，这个标准分（或性质类似的等级分数）转换方法，包括对原始分数做过某种正态化处理或指数平滑处理的标准分算法，在 1939 年美国首次推出一年多考措施时，因为考生群体的不稳定特点而出现了大大拉高很多考生成绩（考生群体中高水平学生比例特别少）或大大压低很多考生成绩（考生群体中高水平学生比例特别高）的严重问题。即单独的标准分制度存在重大问题。

因此，许多统计和测量学家提出了"依据标杆试卷确定分数转换规则 + 新测验与标杆试卷等值"的问题解决办法。其具体过程是：专家们首

先对 1940 年 4 月和 6 月的数据进行分析寻找规律，然后选择 1941 年 4 月的试卷为标杆试卷，并以当次考试的考生样本为参照群体，用式（6-1）的方法标定美国高考 SAT-V（言语推理部分）的分数报告度量系统（量表）。其中，分数的转换关系被称作 SAT-V 的常模，每个考生的标准分数都是根据各自的卷面原始得分，再通过这个常模转换而来的。随后，所有新测验不再通过式（6-1）重新计算标准分，而是通过测验等值技术，首先把新测验分数转换为 1941 年 4 月的等值原始分数，再用 1941 年常模换算成等值的标准分数，这就解决了一年多考分数不可比的难题。事实上，这个 SAT-V 标杆及其常模一直用在以后很多年的所有新测验之上，并保证了一年多考、分数等值且多年有效的科学性，避免了压低高水平考生成绩或拉高低水平考生成绩，以及选课选考过程中的"田忌赛马"副作用。这个标杆及其常模一直用到 1990 年才因为量表漂移问题而重新设定标杆和常模。同样的原理也用在了 SAT-M（数学推理测试）上面，不过 SAT-M 首先把其 1942 年 4 月的测试结果链接到了 SAT-V 的 1941 年 4 月常模，然后等值链接到 1990 年。

简要地说，考试服务的常见类型包括"运动员型""裁判员型"和"运动员兼裁判员型"以及技术服务型四大类别；考试服务的运行主要表现为专业化、市场化和法制化三个特点；考试命题专家的素质要求主要包括相应科目的知识掌握水平、题目编写的能力和经验、团队合作的意识和能力以及职业素养等方面；测评分析专家的素质要求主要包括现代教育测量学的理论与方法的掌握水平，使用有关测量学软件估计 IRT 参数和使用 SAS 等软件编写计算机程序处理考试数据的水平等；测评分析专家的培养方案主要包括概率论与数理统计知识模块，教育测量学理论与方法知识模块，以及有关教育心理学、教育评价和研究方法课程模块等方面的博士研究生课程的研学计划；测评行业发展的主要经验和教训涉及借助数学建模推进考试科学的发展，发挥"选考自由"长处并克服其不足，用好测量学模型等方面。

参考文献

［1］ 杨学为．中国高考史述论（1949—1999）［M］．武汉：湖北人民出版社，2007.

［2］ 杨学为．中国考试改革研究［M］．北京：北京大学出版社，2001.

［3］ 杨学为．中国考试简史［M］．北京：高等教育出版社，2009.

［4］ 杨学为．大规模考试的作用及相关问题［M］．北京：外语教学与研究出版社，1998.

［5］ 于涵，郑益慧，程力，等．高考评价体系的实践功能探析［J］．中国考试，2019，332（12）.

［6］ 刘海峰．高考改革论［M］．杭州：浙江教育出版社，2013.

［7］ 杨志明，丁港，彭丽仪．考试与评价的国际经验与启示［J］．中国考试，2021（1）.

［8］ 杨志明．高考招生多元评价的区分效度：兼论"拼盘式"和"跨栏式"多元评价方案［J］．教育测量与评价，2016（5）.

［9］ 杨志明．海外考试服务的特点及其启示［J］．教育测量与评价，2016（9）.

［10］ 杨志明，杨笑颖，孔淑仪．国外考试机构关键岗位的素质要求及其对我国考试行业专业化建设的启示［J］．教育测量与评价，2020（2）.

［11］ 杨志明，李洋，丁港．分数表达的常见方式及其潜在风险的规避［J］．教育测量与评价，2021（4）.

［12］ 杨志明．综合素质评价背景下的学习能力测试［J］．教育测量与评价，2017（3）.

［13］冯象钦，刘欣森．湖南教育史［M］．长沙：岳麓书社，2002．

［14］刘鼎根．高考集成［M］．长沙：湖南出版社，1993．

［15］张慧芳，王培，邓演平．大学生成才修养［M］．北京：北京师范大学出版社，1989．

［16］王启云．自学考试制度论［M］．长沙：湖南人民出版社，2004．

［17］聂海峰，张琥．"平行志愿"录取机制研究［J］．制度经济学研究，2009（2）．

［18］王彬．"平行志愿"改革七年述评［J］．复旦教育论坛，2010，8（4）．

［19］张庆霞．刍议新高考改革下的平行志愿录取模式［J］．学周刊，2020，3（7）．

［20］肖远军．教育评价原理及应用［M］．杭州：浙江大学出版社，2004．

［21］孙培青．中国教育史［M］．上海：华东师范大学出版社，2000．

［22］国家教育委员会高等教育自学考试办公室．自学考试文件选编［M］．北京：高等教育出版社，1989．

［23］刘欣森，孟湘砥．湖南教育史：第三卷［M］．长沙：岳麓书社，2002．

［24］张敏强，刘昕．标准化考试［M］．北京：高等教育出版社，1990．

［25］郑日昌，漆书清，马世晔．考试的教育测量学基础［M］．北京：高等教育出版社，1990．

［26］李伟明，冯伯麟，余仁胜．考试的统计分析方法［M］．北京：高等教育出版社，1990．

［27］杨明福，张志朴，刘跃葵，等．计算机在考试管理中的应用［M］．北京：高等教育出版社，1990．